DM 6,50 öS 55 Sfr. 6,5

#55 / JULI 2017

#55, Juli 2017   www.lotek64.com   info@lotek64.com   ISSN 2307-7085

DIE REDAKTION

LARS	**GEORG**	**CRUDLA**	**ARNDT**	**MARLEEN**	**MARTIN**
lars@ lotek64.com	redaktion@ lotek64.com	redaktion@ lotek64.com	adettke@ lotek64.com	marleen@ lotek64.com	martinland@ lotek64.com

STEFFEN   **JENS**   **RAINER**

steffen@   jens@   rainer@
lotek64.com   lotek64.com   lotek64.com

IMPRESSUM

Herausgeber, Medieninhaber:
Georg Fuchs
Waltendorfer Hauptstr. 98
A-8042 Graz/Austria
Herstellung und Verlag:
BoD - Books on Demand, Norderstedt
ISBN: 9783746060446
E-Mail: info@lotek64.com
Internet: http://www.lotek64.com
Twitter: http://twitter.com/Lotek64
Facebook: http://www.facebook.com/
pages/Lotek64/164684576877985

Versionscheck (Stand: 22.12.2016)			
Name	**Version**	**Emuliert**	**Webseite**
WinUAE	3.5.0	Amiga	http://www.winuae.net/
VICE	3.1	C64, C128, Plus/4, PET, C64DTV	http://vice-emu.sourceforge.net/
CCS64	V3.9.2	C64	http://www.ccs64.com/
Hoxs64	v1.0.9.2	C64	http://www.hoxs64.net/
Emu64	4.30	C64	http://www.emu64.de/
Frodo	4.1b	C64	http://frodo.cebix.net/
MAME/MESS	0.187	Automaten und Heimcomputer	http://mamedev.org/
Yape/SDL	0.70.1	Plus/4	https://github.com/calmopyrin/yapesdl
Yape	1.1.4	Plus/4	http://yape.homeserver.hu/
ScummVM	1.9.0	Verschiedene Adventures	http://www.scummvm.org
DOSBox	0.74	MS-DOS	http://www.dosbox.com
Boxer	1.4.0	MS-DOS (unter Mac OS X)	http://boxerapp.com

LIEBE LOTEKS!

Ganze 74 Seiten umfasst diese Ausgabe der Lotek64. Dazu tragen unter anderem die ausführlichen und interessanten Interviews bei. Darüber hinaus konnten wir für diese Ausgabe gleich drei neue Gastautoren gewinnen – wir freuen uns über die tollen Beiträge von Jochen Adler, Michael Krämer und Kevin Puschak. Die Musikrubrik von Steffen Große Coosmann muss diesmal leider entfallen, kehrt in der nächsten Ausgabe aber wieder zurück. Unser besonderer Dank gilt Thomas Dorn, ohne dessen Unterstützung die Lotek64 nicht in der gewohnten Form existieren könnte.

Die Umstellung auf das DIN-A5-Format stieß auf durchweg positive Resonanz. Sie ermöglicht uns, mit der nächsten Ausgabe *zusätzlich* eine gedruckte Lotek64 in Buchform anzubieten. Um den Preis möglichst gering zu halten, werden wir immer kurz vor Weihnachten die Ausgaben eines Jahrgangs in einem Band zusammenfassen. Mehr dazu in der kommenden Lotek64-Ausgabe #56.

Wir wünschen allen Lesern einen erholsamen Sommer mit dem einen oder anderen Regentag, um die Lektüre der umfangreichsten Ausgabe von Lotek64 zu rechtfertigen!

Georg Fuchs und Tim Schürmann
für die Redaktion

INHALT

Willkommen im Habitat

*Es gibt doch tatsächlich Spiele, die man nicht kennt und deren Komplexität einen über-
rascht. Dass Lucasfilm vor Maniac Mansion mit „Labyrinth" den Einstieg in die grafische Adventure-Spielewelt gemacht hat, ist nicht jedem geläufig. Dass die Charaktere
dort eine Ähnlichkeit mit den Avataren aus „Habitat" haben, das bereits ab 1986 auf
dem C64-Onlinedienst Quantum Link gespielt werden konnte, noch weniger.*

von Martin Brunner

Doch was ist Habitat? Und da wird die Überraschung noch größer: Ein grafisches Mas-
sively Multiplayer Online Game (MMO)!

Die Tatsache, dass das hierzulande nicht
sehr bekannt war, liegt wohl einerseits an der
mangelnden Vernetzung damals, und andererseits an den zu teuren Telefonkosten. In Zeiten ohne Internet musste man sich mit dem
Modem bei einer Telefonnummer einwählen –
und diese lag für Habitat in den USA. Das Spiel
konnte bis 1995 über den amerikanischen On-
linedienst Quantum Link gespielt werden, als
leicht modifizierte Version unter dem Namen
„Club Caribe".

Dank vierjähriger Arbeit des Museum of
Art and Digital Entertainment (MADE) ist das
Spiel unter dem Titel „NeoHabitat" nun wieder
spielbar – mit im Team ist auch Original-Programmierer Randy Farmer.

Die Möglichkeiten sind dabei überraschend:
Die Welt, in der man sich bewegt, ist relativ
groß, liegt sie doch am Server und bedient sich
der Tiles auf der Diskette. Dadurch, dass der
Code als Open Source auf Github liegt, lässt
sich das Spiel beliebig erweitern.

Während man sich durch die Stadt bewegt
kann man auf andere Spieler treffen, sich mit
ihnen unterhalten, ihnen zuwinken – oder

■ Chaos im Zimmer (alle Bilder vom Autor, sofern
nicht anders angegeben)

■ Im Möbelgeschäft mit original-Programmierer
Randy-Farmer

- Mit dem frisch gekauften Aquarium lernt man in der Stadt schnell Leute kennen.

- Shopping mit Köpfchen

wenn sie unachtsam sind, die ihre Sachen einstreifen, wenn sie die kurz mal abstellen. Chaos ist überhaupt ein wichtiges Element: Zettel mit Botschaften lassen sich ablegen, Gegenstände können mitgenommen und irgendwo abgestellt werden.

Es liegt an den Spielern, die Stadt zu befüllen, Theaterstücke aufzuführen, Wohnungspartys zu machen, und sonstige Ideen zu verwirklichen. Bei seinem Testlauf in den 80ern gab es sogar Paare, die virtuell geheiratet haben, und dann in die gleiche Wohnung gezogen sind (was die Programmierer serverseitig lösen konnten).

Die nötige Hardware

Habitat erwartet ein Modem und keine Internetverbindung, daher wird ein WLAN-Modem benötigt, wie es sie schon um die 30 Euro gibt. Dieses hängt am Userport und versteht üblicherweise Hayes-kompatible Befehlssätze, stellt aber die Verbindung über das WLAN mit einem TCP/IP-Server her. Denn der Server läuft heutzutage nicht mehr über eine Telefonleitung.

Eine andere Option ist die Verbindung zu einem PC über eine RS-232 Schnittstelle – dabei kann dann der PC die Modem-Emulation übernehmen.

Optional wird Habitat natürlich als fertiges Paket mit vorkonfiguriertem Vice-Emulator für den PC angeboten. Dabei wurde die Einstellung für die RS-232 Schnittstelle entsprechend gesetzt.

Die Joystick-Steuerung

Hält man den Feuerknopf, dann erscheint ein Fadenkreuz. Wird der Joystick in die vier verschiedenen Richtungen bewegt, dann erscheinen die Möglichkeiten „Go", „Do", „Get" und „Put".

Go: Mit „Go" geht man zur gewählten Position bzw. zum gewählten Objekt.

Zu beachten ist dabei folgendes: Um aus dem Bild zu gehen, muss der Befehl wirklich ganz am Rand des Bildes ausgeführt werden. Nur ein Pixel daneben und die Figur geht zu dieser Position, statt das Bild zu verlassen. Geht man zwei Räume nach rechts, dann muss das Fadenkreuz im neuen Raum auch wirklich wieder um den einen Pixel an den Rand geschoben werden. Die meisten Räume und Geschäfte lassen sich nach unten, d.h. mit einem „Go" auf den unteren Rand verlassen.

Außerdem wird „Go" verwendet, um sich auf Stühle und Betten zu setzen (1x Go, um hinzugehen, ein weiteres Mal um sich drauf zu

* Bandscheibenvorfall im Habitat (und hoffentlich nichts anderes)

* Zusammenkunft in einer Wohnung (Screenshot by Randy Farmer, original Habitat contributor and Lead of the NeoHabitat project)

setzen). Bei einem Go auf sich selbst sitzt man am Boden.

Do: Benutzt ein Objekt

Get und Put: Damit lassen sich Gegenstände nehmen und ablegen. Mit Get und Put auf den eigenen Avatar werden Objekte aus der Tasche genommen oder eingesteckt.

Um zu bezahlen, nimmt man das Geld mit einem „Get" auf den eigenen Avatar aus der Tasche und verwendet es dann mit „Put" mit dem Teleporter oder einem Automaten. Nicht vergessen, das Geld anschließend mit einem „Put" auf die eigene Person wieder einzustecken, da man nicht zwei Gegenstände gleichzeitig in der Hand haben kann.

Nützliche Befehle

F1: Wechselt zwischen Avatar und „Ghost-Mode". Sechs Figuren können maximal in einem Raum dargestellt werden – für Bürgerversammlungen oder Zuseher eines Theaterstücks war daher der „Ghost Mode" gedacht.

F3: Zeigt die anwesenden Spieler

F7: Beschreibt das gewählte Objekt. Kann auch mit dem Geld in der Hand benutzt werden, um zu sehen, ob man nicht den nächsten Bankomaten aufsuchen sollte.

Ctrl 0-9: Mit der Control-Taste (am PC-Emulator Vice: TAB-Taste) und den Zahlen lassen sich bestimmte Bewegungen machen.

Unterhaltung: Im Textbereich kann man sich frei unterhalten. Mit einem „to:<Spielername>" lässt sich auch eine Unterhaltung mit einem Spieler öffnen, der sich nicht im gleichen Raum befindet.

Gegenstände/Objekte

Teleporter: Mit dem Teleporter lassen sich Wege abkürzen. Geld in die Hand nehmen, ein „Put" auf den Teleporter, und dann einfach die gewünschte Destination eintippen. Ein „home" bringt einen nach Hause, „Pop-Plaza NW" auf die Nordwest-Seite des Platzes. Mit F7 auf den Teleporter sieht man den Namen der Station, die aktuell im Bild ist.

Neben „home" gibt es folgende Stationen: Popustop, Uptown, Downtown, Plaza NW, Plaza NE, Plaza SW, Plaza SE, Outamy Wy Cross, Outamy Wy South, Outamy Wy North, Hyper Dr Cross, Street Rd Cross, Road St Cross (die letzten drei ebenfalls auch in der North- und South-Variante).

Lift: Wer im Hochhaus weiter oben lebt, wird den Lift benötigen. Mit einem „Go" hineingehen, das Fadenkreuz an eine leere Stelle im Lift bewegen, und das gewünschte Stockwerk eintippen. „Lobby" ist das Erdgeschoß, „11" der oberste Stock, von dem es über das Stiegenhaus noch auf das Dach geht.

Zettel/Mailsystem: Interessant gelöst ist die Zettelwirtschaft. Die eingesteckten Zettel lassen sich verwenden, um beliebige Dinge

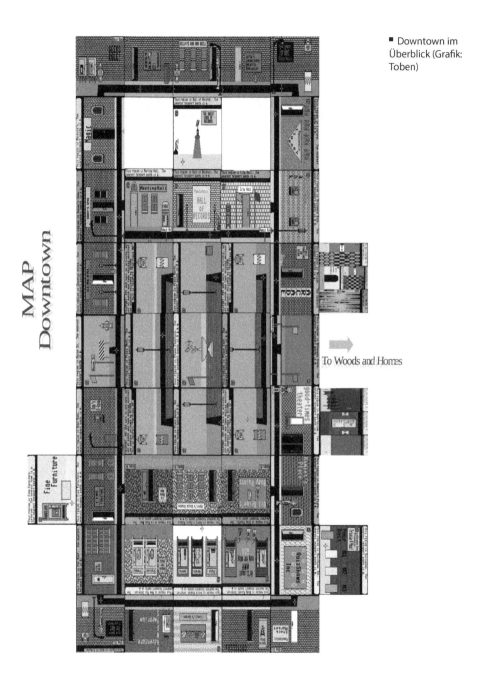

MAP
Downtown

- Downtown im Überblick (Grafik: Toben)

To Woods and Homes

■ Wie groß das Habitat ist, verdeutlicht diese Karte des Waldes (Grafik: Amix).

draufzuschreiben und sie an beliebigen Orten abzulegen (Get – Do, dann im Mail-Editor beschreiben, dort „Quit" und danach mit „Put" ablegen). So kann man der Nachbarschaft oder im Wald Hinweise oder Missionen hinterlassen, oder sogar im Habitat Geocaching betreiben. Beginnt man die erste Zeile des Zettels mit „to: <Spielername>" und klickt dann auf „Mail it" so lassen sich anderen Spielern Mails schicken. Eingegangene Mails lassen sich an der Nachricht und dem Briefkuvert-Symbol (statt dem leeren Zettel) erkennen.

Dann gibt es auch Dinge, die sich in der Stadt kaufen lassen, darunter:

Box/Sackerl: Der Avatar kann fünf Gegenstände einstecken (Geld und Mail schon mitgerechnet). Durch eine Box oder ein Sackerl lässt sich erheblich mehr schleppen. Zu beachten ist dabei, dass der Behälter zunächst mit einem „Put" abgestellt und mit einem „Do" geöffnet werden muss, um dann mit einem „Put" oder „Get" Gegenstände hineinzugeben oder herauszunehmen.

Waffen: Die Stadt ist waffenfreie Zone. Vorsicht hingegen herrscht im Wald – dort ist alles erlaubt. Stirbt ein Spieler, dann startet er in seiner Wohnung wieder und verliert die Gegenstände, die er gerade bei sich hatte. Wer zu einem Duell geht, sollte sich vergewissern, dass er nicht versehentlich die Scherzpistole gekauft hat...

Panik-Device: Bringt einen jederzeit nach Hause, wenn man es benutzt. Aber Vorsicht: Nach ein paar Anwendungen ist es leer.

Neue Köpfe aus dem Automaten

Einen Friseur sucht man in Habitat vergeblich: Wem sein Äußeres nicht gefällt, der kann sich in „La Vous New" kurzerhand einen neuen Kopf aus dem Automaten drücken. Das führt zur bizarren Situation, dass neben kopflosen Avataren auch nicht mehr gebrauchte Köpfe allerorts gefunden werden können.

Für die damalige Zeit ein Novum ist wohl auch das „Buch der Rekorde": Hier finden sich – laufend online aktualisiert – die Spieler mit den meisten Unterhaltungen, dem dicksten Konto, den meisten Teleporter-Verwendungen usw. In der Beta-Version war noch nicht festgelegt, dass dieses Buch die „Hall of Fame" nicht verlassen kann. So hat es nicht lange gedauert, bis sich ein Spieler damit davongemacht und es in seinem Wohnhaus abgestellt hat... ■

Weitere Karten

https://cloud.tugraz.at/index.php/s/Kx0oWkjKLaEonqp („back 40", „beach")

Videospielgeschichten.de

Geschichte spielend erzählt

Die Webseite videospielgeschichten.de ist kein weiteres Retrogaming-Portal mit Rezensionen klassischer Spiele und Anleitungen zum Hacken antiker Konsolen. Der Schwerpunkt liegt vielmehr auf der persönlichen Erfahrung der Autoren, der Rolle, die Heimcomputer und Spielkonsolen in ihrem Leben gespielt haben. Weil dieser Ansatz so subjektiv ist und dabei unterhaltsam und ohne tonnenschweren Theorieapparat verfolgt wird, lädt die Seite zum Lesen und Verweilen ein. Wir haben mit André Eymann, dem Gründer von videospielgeschichten.de, über seine Seite gesprochen.

von Georg Fuchs

Lotek64: *Seit 2009 gibt es videospielgeschichten. de. Warum hast du die Seite gegründet?*

André Eymann: Zunächst vielen Dank für die Möglichkeit, dieses Interview mit dir führen zu können. Ich schätze die Lotek64 seit langer Zeit und freue mich über dein Interesse an meiner Webseite. VSG (allg. Kurzform des Seitennamens) ist aus meiner ersten Seite atari-spielanleitungen.de entstanden, auf der ich auch schon Artikel über Video- und Computerspiele gesammelt hatte. Statt mich aber weiterhin parallel mit dem Sammeln von Spielanleitungen für Ataris VCS zu beschäftigen, wollte ich mich ab dem Sommer 2009 ausschließlich auf das Schreiben und Veröffentlichen von Texten über Videospiele konzentrieren.

Dein Zugang scheint ein subjektiver, persönlicher zu sein. Welche Schlüsse hast du aus den Videospielgeschichten gezogen, die du von anderen gehört hast?

Es war von Beginn an geplant, persönliche und subjektive Texte über Videospiele anzubieten. Die Grundgedanken: nicht lexikalisch, nicht

technisch und nicht brandaktuell zu sein. Beides gab und gibt es in Print oder Online im Übermaß. Mich interessieren die erlebten Gefühle des Spielers, der gesellschaftliche sowie künstlerische Kontext und die gedanklichen Verweise, die beim Ausüben des Hobbys eine Rolle spielen.

1980: In Ataris Battlezone taucht man in den operativen Betrieb eines Kampfpanzers ein. Radar, Reaktion und Nerven aus Stahl sind gefragt. Eine der ersten großartigen Konsolen-Simulationen. (Bild: Atari) ■

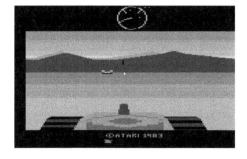

VSG hat sich mittlerweile zu einer kleinen Community entwickelt. Das Wesen dieser Community basiert im Kern auf gemeinsamen Erlebnissen. Man könnte auch vielleicht „einer gemeinsamen Identität" sagen. Es ist ein großes Kinderzimmer, vielleicht auch ein Poesiealbum, das aber nicht nur in der Vergangenheit lebt. Schlussendlich teilen wir in unseren Texten viele Erinnerungen. Aber diese gehören, wunderbarerweise, nicht nur meiner Generation an.

Ich ziehe den Schluss, dass wir generations- und gesellschaftsübergreifend die Liebe für die Kunst der Spiele teilen. Und dass sich die wahrgenommenen Aspekte dabei in weiten Teilen überschneiden, aber der Leser oder Kommentator dennoch von jeder einzelnen Geschichte etwas dazulernen kann.

Gibt es eine typische Spielerbiografie? Haben die Leute jener Generation, die in den frühen 80ern ihre Leidenschaft für pixelige Spiele entdeckt hat, etwas gemeinsam?

Ja und nein. Eine typische Spielerbiografie gibt es, denke ich, nicht. Im Rückspiegel (der von dir erwähnten 1980er-Jahre) teilen natürlich

viele Spieler nicht nur die „technischen" Erinnerungen an die Spiele. Oft sind auch die gesellschaftlichen oder sozialen Prägungen ähnlich. Wundert auch kaum, denn VSG ist ja eine deutsche Seite und das Umfeld war damals für viele vergleichbar. So kommt es immer wieder vor, dass Kommentare wie „das hätte auch meine Geschichte sein können" oder „ja, genau so war das" geschrieben werden. Es gibt also eine gewisse Wiedererkennung. Ich werte das als positiv authentisch. Autor und Leserschaft können sich miteinander identifizieren.

Das ist nachvollziehbar, aber kommen wir doch auf die technischen Aspekte zurück: Für uns, die wir die 8-Bit-Generation noch miterlebt haben, als diese Geräte Stand der Technik waren, unterscheidet sich die Wahrnehmung der Spiele doch erheblich von der der nachfolgenden Generationen. Jüngere Leute schätzen durchaus „Retro-Spiele", auch weil es da einen gewissen Hype gibt, aber sie können höchstwahrscheinlich nicht wirklich nachvollziehen, wie wir die technische Weiterentwicklung, oft auf ein- und demselben Gerät, erlebt haben. Für mich hat gerade das den Reiz des C64 ausgemacht: Die Möglichkeiten der Hardware wurden immer besser erschlossen, weit über

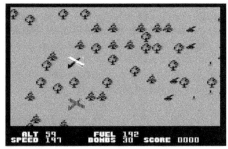

■ 1982: Die Suche nach der Sonnenmaske ist auf dem C64 für mich das gewesen, was ich bei „Interactive Novels" von Infocom verpasst hatte. Wunderschön gezeichnete Bilder und Rätsel, die mit dem besten Zocker-Buddy der Welt gelöst wurden. Zeitlos schön! (Bild: Ultrasoft)

■ 1983: Im Schrägflug über die Welt. Blue Max motivierte mit einer wunderbaren Musik und ausgefeilter Genauigkeit. Luftkampf mit dem linken Auge auf die Tankanzeige. Aufgrund der hohen Spielqualität wurde es immer wieder geladen. (Bild: Synapse Software)

die Grenzen dessen hinaus, was wir 1985 oder 1986 für machbar gehalten hätten. Wenn man Blue Max (1983) und The Last Ninja III (1991) vergleicht, fällt es schwer zu glauben, dass beide Spiele auf ein- und demselben System laufen. Meine Videospielgeschichte würde vermutlich hauptsächlich davon handeln, welchen Eindruck einzelne technische Errungenschaften auf mich gemacht haben. (Den größten Eindruck haben übrigens die gesampelten Drums von Arkanoid bei mir hinterlassen.) Gibt es für dich auch solche Aha-Erlebnisse?

Die Drums von Arkanoid waren schon toll! Natürlich hatte auch ich viele Aha-Erlebnisse in Bezug auf den technischen Fortschritt bei den Spielen. Von Mr. Robot (1983) zu Turrican (1991) war es auf dem C64 natürlich ein Riesenschritt. Und als ich dann zum ersten Mal die prächtigen Farben von The Secret of Monkey Island (1990) auf dem Amiga sah, dachte ich, schöner können Computergrafiken nicht mehr werden.

Ich kann mir gut vorstellen, dass auch jüngere Spieler dieses Gefühl kennen. Von den ersten PS2-Spielen bis zu God of War II ist auch eine Menge Wasser die Elbe heruntergeflossen. Und wenn man sieht, wie flüssig sich Kratos im Jahre 2007 durch die Antike kämpft, hätte man das der „alten" PS2 doch eigentlich gar nicht zugetraut. Immerhin hatte die Konsole da auch schon sieben Jahre auf dem Buckel.

Dennoch haben mich jenseits der Technik eher die sozialen Erlebnisse beim Spielen geprägt. Ungezählte Runden der Wirtschaftssimulation OEL auf dem Dachboden meines besten Jugendfreundes mit handgekritzelten Notizen auf kleinen gelben Post-Its. Endlose Duelle mit dem Kampfspiel The Way Of The Exploding Fist vor dem Hintergrund fernöstlicher Szenerien. Oder gemeinsames Raten beim Abenteuerspiel The Mask Of The Sun. Später dann das unglaubliche Doom, Quake oder Call Of Duty auf LAN-Partys. Das gemeinsame Spiel stand für mich immer im Vordergrund. Und auch in diesem Kontext glaube ich, dass mir viele junge Spieler da zustimmen würden. Die Wahrnehmung der Spiele hat heute nicht weniger mit sozialen oder narrativen Erlebnissen zu tun als früher.

Den oft zitierten „Retro-Hype" empfinde ich gar nicht als solchen. Ich glaube, die Wahrnehmung des Effekts als Hype liegt daran, dass

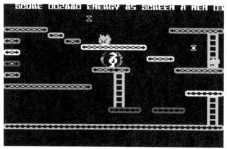

■ 1983: Ein klassischer Platformer, der durch einen eingebauten Editor beliebig erweitert werden konnte. Schön animiert und einfach wunderbar spielbar. Aufgrund der grafischen Klarheit nahezu süchtig machend. (Bild: Datamost)

■ 1983: Was BASIC nicht alles kann! Bei dieser simplen Wirtschaftssimulation wollte man gar nicht mehr aufhören nach Öl zu bohren. Besonders mit mehreren Spielern entwickelte sich eine tolle Dynamik mit viel Spielspaß. (Bild: C64 Wiki)

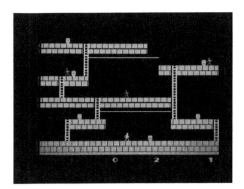

■ 1983: Der Platformer Lode Runner von Doug Smith ist mindestens so knuffig wie herausfordernd. Logik ist gefragt beim Lösen der Level. Die Sega-Version (auf dem Game Gear kommt die SG-1000-Fassung zum Einsatz) liefert gestochen scharfe Bilder. (Bild: Sega)

■ 1990: Ein Traum von einem Spiel. An Liebe zum Detail, Humor und wundervollen Schauplätzen kaum zu toppen. Ich bin mir sicher, dass viele Spieler nur aufgrund dieses Titels zu Videospielern geworden sind. (Bild: LucasArts)

wir – die erste Generation, die wirklich mit Videospielen von 0 auf 100 aufgewachsen ist – heute in der Lage sind, unsere Erinnerungen und Geschichten medial auszuformulieren. Die Plattform dafür ist das Internet. Die nachfolgenden Generationen zeigen deutlich, dass sich das Thema Retrogaming linear entwickelt. Die Spieler der 90er-, 95er- und 2000er-Jahre entwickeln ständig neue Podcasts und Blogs. Sie sprechen und schreiben über ihre Erinnerungen und beweisen, dass die Rückschau auf ihre Spiele, zu einem Teil der Spielkultur geworden sind. Auch die Offenheit für Spiele, die unsere Generation als Retrogames einstuft (C64, Amiga usw.) stellt klar, dass junge Spieler die Pixelspiele von damals in einer konstanten Zeitachse einordnen und diese nicht als „Nicht-Spiele" abtun.

Welche Pläne hast du für die Zukunft der Webseite?

Das Konzept von VSG steht. Aber natürlich möchte ich so viele verschiedene Geschichten

wie möglich sammeln und dabei inhaltlich mit der Zeit gehen. Spieler- und damit auch Erinnerungs-Generationen wachsen nach und ergänzen das Gesamterlebnis fortlaufend. Somit ist der primäre Plan für die Zukunft, die Inhalte weiter auszubauen und zu verfeinern. Als zweitwichtigstes Ziel liegt mir die Interaktion und Diskussion rund um die Texte sehr am Herzen. Ich werde also immer weiter versuchen, das Kommentieren, Teilen und Beteiligen so einfach und attraktiv wie möglich zu machen, damit die Seite „lebt", organisch ist und mit neuen Gedanken erweitert wird. Die Seite lebt von den Autoren, Kommentatoren und Besuchern. VSG soll ein Ort der Begegnung sein.

Bei der Vorstellung deines Teams erzählst du auch über deine persönliche Videospielgeschichte. Du hast mit einem Sinclair ZX81 begonnen, ein eher ungewöhnlicher Computer. In den 90ern hast du eine Atari-2600-Konsole erworben. Was hast du mit dem ZX81 angestellt? Und gab es dazwischen nichts?

Mit dem kleinen ZX81 (den ich 1984 als Weihnachtsgeschenk von meinen Eltern bekam)

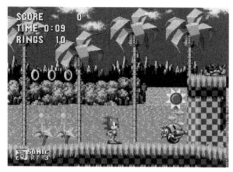

* 1991: Schnell, schneller, Sonic. Segas Maskott-chen macht Anfang der 1990er-Jahre alles richtig. Obgleich der Stil an Super Mario erinnert, setzt Sonic neue Maßstäbe. Liebevolle Animationen und knallige Farben geben sich die Klinke. Perfekter Spielspaß für jede Gelegenheit. (Bild: Sega)

* 1999: „You have taken the lead!" War ein Multiplayer-Ego-Shooter je schneller? Je motivierender? Quake besticht durch seine grafischen Welten und das unglaublich genaue Gameplay. Kaum merkt man die Stunden, die man beim Spielen verbringt. (Bild: id Software)

habe ich im Wesentlichen programmiert. Während Mitschüler bereits auf Atari-Konsolen spielen konnten oder sogar „ausgewachsene" Heimcomputer wie den Commodore 64 besaßen, konnte sich meine Familie nur einen ZX81 für ca. 100 DM leisten. Da Kaufspiele für das Gerät in Deutschland selten waren und ich aufgrund meines „Nischencomputers" keine Software mit Freunden tauschen konnte, blieb mir oft nur die Möglichkeit, neue Programme durch das Abtippen sogenannter „Listings" zu erleben. So kam ich schnell mit der Programmiersprache BASIC in Berührung und modifizierte vorhandene Programme, um meine Kreativität einzubringen. Dieser Umstand führte mich zwangsläufig zum Kauf von Heimcomputer-Zeitschriften wie der Happy Computer, HC Mein Home-Computer oder Computer Kontakt.

Nach dem ZX81 kam später ein Commodore 16 und schlussendlich doch noch ein C64. Der Amiga blieb mir erneut (aus Kostengründen) verwehrt. Und dann ging es direkt vom Brotkasten zum selbst zusammengestellten PC XT. Damit war die schöne und einmalige Heim-

computerzeit gegen Ende der 1980er Jahre für mich passé. So verpasste ich damals einiges an Geräten und Spielen und an diesem Vakuum entfachte sich am Ende der 1990er-Jahre meine Liebe für Atari erneut. Der Kauf einer Atari-2600-Jr.-Konsole auf einem Flohmarkt weckte Erinnerungen und Begehrlichkeiten. Ich war ein zweites Mal gefesselt von den Spielen und der Kunst des Mediums.

Mir ist es ähnlich gegangen, als ich Ende der 1990er-Jahre meinen alten Amiga 500 zurückbekam, den ich einem Freund geliehen (und längst abgeschrieben) hatte. Ich verlor mein Interesse daran 1994, weil ich für mein Studium einen MS-DOS-kompatiblen Rechner benötigte. Aber das Wiederentdecken der (damals noch gar nicht so) alten Hardware war extrem spannend, ich war bald ganz im Bann der Rechner und Konsolen der 80er. Die Jahrtausendwende war auch ein guter Zeitpunkt, Retro-Geräte und -Spiele zu besorgen, weil die Preise vor dem Einsetzen des Retro-Hypes noch ziemlich gering waren.
Anderes Thema: Du erwähnst auch einige legendäre Automaten: Galaga, Gyruss, Hyper Olympics und andere. Diese Spiele kann man heute mittels Emulator auch zuhause spielen. Hast du inzwi-

schen weitere Klassiker entdeckt, welche Titel spielen für dich eine Rolle?

Ich bin kein großer Nutzer von Emulatoren. Natürlich ist es eine wichtige Errungenschaft, dass es Emulatoren gibt. Aber sie werden nie das authentische Gefühl eines Computers oder eines Automaten wiedergeben können. Deshalb habe ich auch einen Automaten zuhause. Natürlich mit Galaga von Namco als Spiel. Ein wundervolles Gefühl, mit dieser Maschine zu spielen und sich in den höheren Spielstufen von drei Z80-Prozessoren in die Knie zwingen zu lassen!

Neue Klassiker entdecke ist fast täglich. Ich versuche sie dann auf echter Hardware und nicht via Emulator zu spielen. Dazu stehen ein C64, ein Atari 800 XL und ein Sinclair Spectrum +2 betriebsbereit in meinem Dachgeschoss. Außerdem besitze ich diverse Handhelds (Nintendo Game Boy, Nintendo DS, Sony PSP, SEGA Game Gear, Atari Lynx), um mobil spielen zu können. Für mich spielen immer die klassischen Titel, mit denen ich mich gerade beschäftige, eine wichtige Rolle. Es gibt so viele Meilensteine, dass eine Erwähnung oder Auflistung den Rahmen unseres Interviews sprengen würde.

Gerade vor wenigen Wochen habe ich beispielsweise Sonic The Hedgehog gemeinsam mit meinen Kindern entdeckt. Wir spielen es auf meinem SEGA Game Gear und haben viel Spaß daran, gemeinsam die Welten von Sonic zu erforschen. Dieses Spiel habe ich früher nicht gespielt. Aber durch die Neugier meiner Jungs kann ich SEGAs Maskottchen zum ersten Mal und zusammen mit ihnen erleben.

Welche Spiele spielst du selbst gerne und welche hältst du für besonders wichtig, unabhängig davon, ob du sie selbst gespielt hast oder spielst?

Mir fällt immer öfter auf, dass ich Spiele heute noch intensiver wahrnehme, als noch vor zehn Jahren. Vielleicht liegt es auch daran, dass ich mich viel mit Texten über Videospiele auseinandersetze. Aber tatsächlich sind mir Aspekte wie die Geschichte, die ein Spiel erzählen möchte, die Atmosphäre und die Spielwelt sehr wichtig geworden. Meine Begeisterung kapituliert deshalb auch an Modern-Warfare-Kampagnen, die mich mit patriotischen Losungen motivieren wollen. Dem entgegen faszinieren mich Welten wie Stardew Valley oder The Legend of Zelda: Breath Of The Wild. Ich fühle mich oft wie ein Kind, das erst sehr spät begriffen hat, welch komplexe Schönheit in der künstlerischen Spiele-Metapher liegen kann.

Und auch das begeistert mich an meinem Hobby: Ich entdecke ständig Neuland. Egal in wie viel Bit. Ein 8-Bit-Spiel kann ebenso viel Fantasie anregen wie der neueste Titel. Es geht doch immer um die Geschichten. Die kleinen, die großen. Und immer darum, dass das Spiel unser Herz berührt und für immer dort seinen Platz haben kann.

Danke für das Interview!

■ 2017: Zelda ist eine Legende. Die neue Version des Spiels betört durch die ganz und gar wundervollen Geschichten, die es erzählen möchte. Traumhafte Bilder entführen erneut in die Welt von Hyrule und setzen im Jahr 2017 erneut Maßstäbe. (Bild: Nintendo)

C64-Spiel für Vier-Joystick-Interface

C64-Partyspiel Frogs

Nach dem Release von SHOTGUN im vergangenen Jahr folgt nun ein weiteres C64-Spiel von Dr. Wuro Industries namens FROGS, welches das spaßige 4-Spieler-Partykonzept in einen Froschteich verlegt und die Spieler ihren Kampf mit der Zunge gegeneinander austragen lässt – oder, je nach ausgewähltem Spielmodus, das in Form eines Fliegen-Wettessens abläuft.

Dabei muss stets darauf geachtet werden, nicht ins Wasser zu fallen, denn die Seerosenblätter, auf denen sich die Frösche hüpfend fortbewegen, verschwinden nach und nach von der Wasseroberfläche.

Um das Spiel zu viert spielen zu können, wird ein „4-Player Interface" benötigt, mit dessen Hilfe zwei zusätzliche Joysticks an den C64 angeschlossen werden. Hierzu bietet die offizielle Website des Spiels nähere Informationen. Ist dieser Adapter nicht vorhanden oder finden sich nicht genug Mitspieler, so lässt sich das Spiel auch mit zwei oder drei Spielern spielen.

Für die nötige Abwechslung sorgen drei unterschiedliche Spielmodi (Battle, Bug Hunt, Countdown) sowie sechs verschiedene Froschteiche.

Wie bereits der Vorgänger SHOTGUN steht auch FROGS kostenlos zum Download bereit. Eine „Boxed Version" mit 5.25"-Diskette und einigen Extras wurde im Mai 2017 veröffentlicht. ∎

Links
Webseite
http://frogs.drwuro.com#
Download
http://frogs.drwuro.com/frogs.prg
http://frogs.drwuro.com/frogs.d64

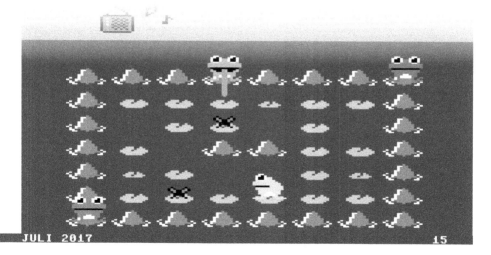

5,25"-Disketten als Schallplattencover

Die Serie Retro Treasures beschäftigt sich mit seltenen oder ausgefallen Produkten der Video- und Computerspielgeschichte und befasst sich in dieser Ausgabe mit 5,25"-Disketten als Schallplattencover.

von Simon Quernhorst

Disketten im Format 5,25 Zoll waren für viele Homecomputer- und PC-User der frühen 1980er Jahre ein alltäglicher Gebrauchsgegenstand, denn Tapes waren langsam und 3,5"-Disketten wurden erst später populär. Leerdisketten verkauften sich wie geschnitten Brot und Diskettenlocher konnten durch eine zusätzliche Kerbe auch die Rückseite von Disketten für einseitige Laufwerke beschreibbar machen. Aufgrund der dauernden Verwendung wundert es auch nicht, dass nicht nur die Datenträger selbst, sondern auch deren optisches Erscheinungsbild medienkulturell z.B. in der Popmusik verwendet wurde...

Bekanntester Vertreter des Diskettendesigns dürfte der Hit „Blue Monday" der engli-

■ 7"-Disketten sind Trumpf

■ Blue Monday als Black Disk

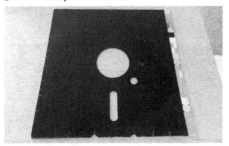

schen Gruppe „New Order" aus dem Jahr 1983 sein. Da es nur als Maxi-Single veröffentlicht wurde, ist dieses Cover mit 12" viel größer als die nachempfundene 5,25"-Diskette – allerdings sitzt auch das Indexloch zu tief. Diese Schallplatte gilt als eine der meistverkauften Maxi-Singles, dazu mag auch beigetragen haben, dass das Lied bis 1987 auf keinem Album der Band enthalten war. Weil das damalige Plattenlabel Factory Records nicht dem Verband der britischen Plattenindustrie angehörte, gab es trotz der rekordverdächtigen Verkäufe jedoch keine goldene Schallplatte. Angeblich waren die Produktionskosten der von Peter Saville gestalteten Hülle mit den ausgestanzten Diskettenlöchern auch so hoch, dass kaum Gewinne mit der Platte erzielt wurden. Deshalb wurden die Stanzungen bei folgenden Auflagen nur noch durch gedruckte Abbildungen ersetzt.

Die Hülle enthält übrigens keinerlei Buchstaben, lediglich einen Farbcode mit der verschlüsselten Botschaft „FAC 73 BLUE MONDAY AND THE BEACH NEW ORDER". Dieser Farbcode wird zwar auch bei der folgenden Single „Confusion" (1983) verwendet, jedoch nur auf dem Album „Power, Corruption & Lies" (1983) erklärt. Dessen Coverrückseite enthält ebenfalls Disketten-Elemente – allerdings sitzt das Indexloch diesmal zu hoch...

■ Sicher ist sicher: CD in Doppel-Hülle

Im Jahr 1985 erschien mit „Floppy Disk" das erste Album des Jazz-Saxophonisten Kirk Whalum bei Columbia Records. Neben den tanzenden, bunten 5,25"-Floppies auf dem Cover ist auch ein Lied namens „Floppy Disk" enthalten.

Als direkte Anspielung auf selbsterstellte Programme, Homebrews oder Raubkopien kann man hingegen das verschmierte und handgeschriebene Label der 7"-Single „Stumpf ist Trumpf 3.0" des deutschen Hip-Hoppers Dendemann aus dem Jahr 2010 verstehen. Recht passend ist die B-Seite mit „I'm a Record Junkie und zurück" betitelt und die Schreibschutzkerbe der abgebildeten Diskette ist vorsichtigerweise sogar mit einem Aufkleber versehen.

Anlässlich des „Record Store Day" erschien 2015 die auf 1700 Exemplare limitierte 7" „Dangerous" des ursprünglich von dem amerikanischen Electro-Projekt „Big Data" gemeinsam mit den Indie-Rockern „Joywave" im Jahr 2013 veröffentlichten Download-Songs im Diskettendesign.

Für die Veröffentlichung „It's a chiptune holiday" von „8 Bit Weapon & ComputeHer" im Jahr 2009 wurden Originaldisketten ihrer Magnetscheiben beraubt und zu CD-Hüllen umfunktioniert. Auch deren CD-Alben „Mean Time" (2007), „Data Bass" (2007), „Electric High" (2009) und „Silo 64 Soundtrack" (2010) erschienen im Diskettenmantel und die MP3-Alben „Confidential" (2002) und „Modemoiselle" (2010) zumindest mit Diskettengrafik.

Als weitere CD-Veröffentlichung im 5,25"-Diskettendesign habe ich „DISK Collection Vol.1" (2008) und „DISK II" (2012) von Matthew David sowie „Floppy Disc Flip-Flop" (2005) von Ben Sinister gefunden. Und noch einen konsequenten Schritt weiter geht die kanadische Pop-Formation „The Diskettes", denn hier ist der Gruppenname bei den CD-Veröffentlichung natürlich Programm, nämlich den Alben „The Diskettes" (2003) und „Weeknights at Island View Beach" (2005). ■

Der Autor

Simon Quernhorst, Jahrgang 1975, ist begeisterter Spieler und Sammler von Video- und Computergames und Entwickler von neuen Spielen und Demos für alte Systeme. Zuletzt durchgespielter Titel: 1016 Level bei Bubble Witch Saga 2 (Android).

Neue Platten zu alten Spielen

Die britische Firma DATA DISCS vertreibt unter https://data-discs.com/collections/all brandneue Schallplatten zu klassischen Spielen.

Die Platten enthalten die Soundtracks der Spiele. Als Bonus liegen zusätzliche Grafikdrucke bei, manche Cover sind als Gatefold gestaltet und die Cover von OutRun und Super Hang On enthalten sogar cut-outs, durch die der Hintergrund verändert werden kann.

Die Scheiben erscheinen in limitierten Auflagen auf buntem Vinyl sowie in klassischem Schwarz, viele Ausgaben sind bereits ausverkauft...

Statt großer Worte lassen wir auf dieser Seite lieber die Cover für sich sprechen. ∎

∎ Golden Axe I und II

∎ Altered Beast

- Shinobi II

- Streets of Rage II

- Super Hang On

- Sonic Mania

- OutRun

- Panzer Dragoon

Teletext

„Solange du Teletext empfangen kannst, genieße es."

Teletext war in der Ära der Heimcomputer ein neuartiges und interessantes Medium. Mittlerweile führt es in den deutschsprachigen Ländern ein Nischendasein, während das Angebot in anderen Ländern bereits völlig verschwunden ist. In den letzten Jahren wurde Teletext auch als Plattform für Pixelkunst und Betätigungsfeld für interessante Hacks entdeckt. Lotek64 hat mit drei britischen Teletext-Aktivisten über ihre vielfältige Arbeit gesprochen.

Dan Farrimond ist ein Multimediakünstler aus Großbritannien. Im Jahr 1998 stellte er auf einer Flugreise erstmals fest, dass England nicht aus klotzigen Pixeln besteht, wie man sie auf der Teletext-Wetterkarte sah. Witzigerweise hatte er diese Ferienreise auf Teletext gebucht. Aus dem Versuch heraus, das offenbar Falsche nun richtigzustellen, wandte er sich daher einem neuen (oder sollte man besser sagen: alten?) Genre zu – der analogen Teletextkunst. Bis zum heutigen Tage sucht er nach dem perfekten würfelförmigen Stein, um daraus ein klotziges UK zusammenzubauen. Im September 2016 war er auch bei der ARD Teletext-Künstler. http://teletextart.co.uk/

Peter Kwan ist der Autor von wxTED, einem Teletext-Editor, und von TEEFAX, dem weltweit allerneuesten Teletext-Dienst, auf den man mit einem normalen Fernseher und einem Raspberry Pi zugreifen kann. Er arbeitet im Bereich Visual Effects und Computergrafik – u.a. auch für die Teletextsysteme von ITV und BBC. http://teastop.co.uk/teletext/

Jason Robertson bezeichnet sich als digitalen Archäologen. Er bewahrt alte Teletextseiten vor dem Vergessen, indem er sie von Betamax-Bändern herunterzieht, sie regeneriert und für sich archiviert. @grim_fandango

Lotek64: Teletext ist ja eine Erfindung aus dem England der 1970er Jahre, das in den nachfolgenden Jahrzehnten die Nutzung des heimischen Fernsehers revolutioniert hat. In vielen Ländern ist es noch in Gebrauch, seit 2012 aber nicht mehr in England, dort ist das Medium tot. Ich kenne viele Leute, die Spiele und Demos für nicht mehr aktuelle Computer und Konsolen wie das Atari VCS, den Sinclair Spectrum oder den Commodo-

re 64 schaffen. Neue und nie gesehene Sachen auf (sehr) alten Computern zu machen, scheint für sie eine besondere Aufgabe zu sein. Was ist bei dir die Antriebsfeder hinter deiner Pionierarbeit im Teletext-Bereich?

Peter Kwan: Ich war zwischen 1999 und dem Ende des analogen Fernsehens bei einem Zubehörhersteller beschäftigt. Wir verkauften

Unmengen an die Netzwerke und Entwicklungslabore. Hauptkunde war die BBC. Sie kamen oft mit ziemlich ungewöhnlichen Ideen und daher entwickelten wir das Teletext-Kit erst nach und nach. Das Gute war, dass die Eierköpfe bei der BBC einen direkten Draht zu uns hatten und immer, wenn sie sich einen neuen Knaller ausgedacht hatten, konnten wir das mal eben für sie zusammenbauen. Das hörte auf, als Siemens die BCC-Technologiesparte übernahm und die BBC zerteilt wurde. Statt dass nun eine Person 50 Teile hiervon orderte, bestellten jetzt fünf Abteilungen je 10. So kleine Mengen speziell für einen Kunden lohnten sich nicht mehr, das war das Ende dieses Geschäfts.

Ich machte einstweilen den Service für das, was übrig war, und dachte darüber nach, eigene Hardware zu entwickeln. Unsere Geräte kosteten 5000 Pfund und ich dachte, das kannst du doch auch schaffen. Eines Weihnachtsabends hatte ich eine zündende Idee und entwarf einen Schaltkreis. Ich war vollkommen überzeugt, dass er funktionieren würde, sodass ich gleich einen ganzen Haufen davon fertigte. Die Kosten für eine Einheit beliefen sich auf rund 100 Pfund. Die Hälfte davon ging für ein AVR-XMega-Prozessor-Board drauf. Das System bestand aus vier Chips, einem Video-ADC zum Umwandeln des Signals nach digital und einem DAC, das es sofort wieder nach analog wandelte. Ein serieller RAM-Chip lieferte das Teletext-FIFO und ein simpler TTL-Chip erledigte das Multiplexing. Diesen Aufbau benutzte ich als Testsignal, solange ich noch am Teletext arbeitete. Als der Raspberry Pi rauskam, hab ich das Design upgedatet, aber zu der Zeit waren die Chips bereits veraltet und nicht mehr erhältlich. Zum Glück kriegt man in China noch ausreichend Nachschub. Der endgültige Durchbruch kam, als Alistair Buxton mit einem Raspberry Pi ein Teletextsignal erzeugen konnte. Ich lenkte den VBIT-Teletext-Stream von meiner Hardware um auf Alistairs Software und entwickelte so den VBIT-Pi. Heute brauchst du nur einen Pi Zero und du hast deinen eigenen Teletext-Dienst.

Dan Farrimond: Gut, ich gebe zu, dadurch, dass diese Technologie im Lauf der letzten zehn Jahre in die Hand des Benutzers zurückgegeben wurde, können wir definitiv mit neuen Ideen an sie herangehen. In den 1980ern und 1990ern spielten wir vielleicht mit den BBC-Micro-Teletext-Editoren herum, waren aber nie in der Lage, mit unseren Ergebnissen über unsere lokalen Computer oder Netzwerke hinauszuwirken. Mit dem Internet haben wir nun einen Weg gewonnen, unsere Reichweite über die eines typischen Fernseh-Teletextdienstes hinaus auszuweiten.

In meinem Fall aber kommt noch ein tiefsitzender Hang zum Format hinzu. Wenn du etwas so oft benutzt, wird es Teil deines täglichen Lebens, vergleichbar mit deinem Lieblingskaffeebecher. Ich war richtig traurig, als er irgendwann in der Spülmaschine kaputtging. Zu meiner Zeit war Teletext ziemlich textlastig, da habe mich über fast jeden Anflug von Kunst in den öffentlich-rechtlichen Sendern gefreut. Schon damals hatte ich instinktiv erfasst, was für ein großes gestalterisches Können hinter den Teletext-Seiten stecken konnte – ich glaube, diese Einsicht bekam ich dadurch, dass es relativ wenig Grafikmodus-Kunst gab. Zum Glück existiert aber eine gesunde Textmodus-Kunstszene in Skandinavien. In Helsinki startete 2012 die dortige Kunst-Kooperative FixC das äußerst erfolg-

reiche International Teletext Art Festival. Zu der Zeit suchte ich gerade nach einem Format, mit dem ich arbeiten konnte, da reaktivierte das ITAF meine Liebe zu Teletext. Es war einfach herrlich zu hören, dass die Menschen Teletext immer noch liebten, ja geradezu forderten – Hunderte, wenn nicht Tausende, waren total begeistert von diesem totgesagten Format. Und es waren nicht nur die älteren Menschen, wie alle Umfragen im Königreich beweisen, dass Teletext immer noch weit verbreitet war – und da schalten diese Spielverderber Ceefax einfach völlig unbegründet ab.

Jason Robertson: Ich habe zwei Beweggründe: der erste ist Nostalgie – es ist ein schönes Gefühl, wenn du moderne Technik dazu benutzen kannst, von alten Videobändern den Teletext runterzuziehen, sich die Seiten anzuschauen, wie sie ursprünglich gesendet wurden, mit allem Drum und Dran inklusive dem Eingeben einer Seitennummer und dem Vorbeitickern der Seiten bis du zur gewünschten kommst.

Der zweite ist ein Interesse daran, historische Dinge zu archivieren. Teletext war ein flüchtiges Medium – an einem Tag wurde eine Seite gesendet, dann überschrieben. Es blieben keine offiziellen Backups, alles, was noch da ist, sind von Computernutzern mit entsprechender Dekoder- bzw. Teletextsoftware festgehaltene Seiten oder die Seitenrekonstruktionen von Videobändern, die Leute wir ich erstellen. Wenn es Archive für Zeitungen gibt, warum nicht auch welche für Teletext?

Lotek64: Würdest du Teletext lieber auf sein Originalmedium, den Fernseher, zurückgebracht sehen oder gibt es heute dafür ein angemessenes Nachleben als Kunstform?

Jason Robertson: Teletext ist von seinem Nachfolger, dem Internet, weitgehend abgelöst worden, es wird also nach und nach wegster-

ben, im gleichen Takt wie die Wartungsverträge mit der Zeit auslaufen. Nichtsdestoweniger kann es völlig kostengünstig betrieben werden: Wenn ein engagierter Bastler seinen eigenen Teletextservice auf einem Raspberry Pi installiert bekäme, könnte ein Sender ganz sicher was damit anfangen.

Peter Kwan: Es ist ganz klar ein Medium, das von vielen besseren Technologien überflüssig gemacht wurde. Seine ursprüngliche Rolle ist verloren gegangen. Ich sehe heute vier Einsatzmöglichkeiten. Als Hobby, bei dem sich Amateuringenieure mit den alten Spezifikationen auseinandersetzen und mit der Technologie Experimente anstellen können. Als erstgemeinte Funktion, Material, das nie gesichert wurde, und von dem niemand je geglaubt hätte, dass sich noch jemand dafür interessieren könnte, zu archivieren. Als Nostalgieobjekt, durch das die Menschen einen Einblick hätten, wie das Leben früher war, vor dem Internet. Den größten Einfluss sehe ich aber im Künstlerischen, man brauchte wirklich Können, wenn man mit den enggezogenen Beschränkungen der Teletext-Oberfläche klarkommen wollte.

Dan Farrimond: Meiner Meinung nach gehört der Teletext nach Hause auf den Fernsehbildschirm. Ich bin gerade dabei, eine Teletext-Ausstellung („Teletexthibition") zu organisieren und stelle mir vor, dass die Seiten auf diesen alten, klobigen Röhrenfernsehern präsentiert werden. Wenn es nur auf Papier gezeigt würde, wäre die ganze Interaktivität verloren, ganz zu schweigen vom fehlenden sanften Brummen der Kathodenröhren.

Hier in England bietet die BBC jetzt einen ziemlich Ceefax-ähnlichen digitalen „Roten Knopf"-Service an, was ja beweist, dass es immer noch einen nennenswerten Markt für Informationsvermittlung über den Fernseher gibt. Sie hätten den analogen Dienst weiterbetreiben können, aber einer von diesen „revolutionären" Intendanten hat sowas ganz bestimmt als total veraltet eingestuft, wo doch 3D-Fernseher mit diesen „ober-coolen" Plastikbrillen gerade angesagt sind. Sie sind wohl Fans von Rowdy Roddy Pipers Sonnenbrillen aus dem Film „Sie leben" oder so.

Über kurz oder lang werden allerdings alle Fernsehgeräte ans Internet angeschlossen sein. Wäre das nicht der Super-Teletext, von dem wir alle geträumt haben?

So etwas Machtvolles wie das Internet-Fernsehen könnte das analoge Fernsehen leicht zu einer Karikatur herabstufen, verspottet von ignoranten „Experten" für soziale Medien, die mal eben nach einem billigen Witz suchen. Aber die Leute machen sich gar nicht darüber lustig, dass PacMan aus groben Pixeln besteht, sie drehen eher knuffige Filme mit Adam Sandler darüber.

Genau wie ANSI- und Pixel-Kunst – letztere mit einer riesigen Mainstream-Erfolgsbilanz – wird die Teletext-Kunst cool bleiben, solange sie nur eine neue Plattform findet. Solange es eine Gemeinschaft gibt, die Teletext-Editoren nach Internet 2.0, 3.0 und 17.0 portiert, solange wird sie als Kunstform, Brunstform oder wie auch immer weiter existieren. Wir müssen nur dafür sorgen, dass Hollywood einen Film über Teletext macht!

Lotek64: Als der österreichische öffentlich-rechtliche Sender in den 1990ern damit anfing, auf allen Kanälen 24 Stunden Programm zu bringen, wurden die Testbilder abgeschafft. Die Reaktion der Zuschauer war unerwartet. Eine riesige Zahl von Fans (die aber vielleicht nicht alle wirklich ernsthaft hinter der Sache standen) forderten, dass die Testbilder wieder eingeführt würden. Ihr Aufwand war

nutzlos. Wie denkt ihr darüber, sollten Testbilder wieder eingeführt werden? In der britischen Fernsehserie Life on Mars (2006) zeigten sie ein ziemlich knuffiges BBC2-Testbild aus den 1970ern. Also, was denkt ihr über Fernsehtestbilder und seht ihr ein Potenzial darin?

Jason Robertson: Ich liebe Testbilder! Nur, die neuen Fernseher brauchen alle keine Justierung mehr. Allerdings gab es (im letzten oder vorletzten Jahr) einen kurzen Beitrag in einer nächtlichen Vorschausendung, in dem ein Testbild gezeigt wurde. Damit konnten die Zuschauer ihr Audio mit Video synchronisieren. Es wurde eine HD-Version von Testbild F verwendet.

Peter Kwan: Die einzigen, die mit einem Testbild etwas anfangen konnten, waren die Fernsehtechniker. Es handelte sich um ein Signal außerhalb der Sendezeiten, sodass die Antennenjustierungen am Tage von einem Techniker vorgenommen werden konnten. Der einzige Grund, sie wieder zu bringen, ist Nostalgie. Ich schaute mir das BBC-Testbild C in den 1960ern an. Die vier diagonalen Frequenzblöcke erinnerten mich so nett an Eiswaffeln.

Dan Farrimond: Genau wie bei Teletext sind die Testbilder inzwischen mehr als das, wofür sie entwickelt wurden – sie sind zu einer eigenen Kunstform gediehen. Ich selber habe nie ein solches Testbild zum Einstellen meines Fernsehers benutzt, aber sie sind bei Weitem attraktiver als die meisten Junk-Beiträge im öffentlichen Fernsehen.

Im Fernsehen geht es selten um Kunst, am ehesten noch, um gängige Trends Huckepack zu nehmen und zu versuchen, bestimmte Märkte zu erschließen. Das ist eine interessante Spiegelung der gesellschaftlichen Verhältnisse überhaupt – wenn denn etwas sich über seinen wirtschaftlichen Nutzen erhebt. Dieser Spiegel, den wir Fernsehen nennen, hat jedenfalls aufgehört mit Widerspiegeln. Testbilder sollten sozusagen die sein, die zuletzt lachen, weil Kunst das Trash-Fernsehen überleben wird. Mit ihnen wird die Zombie-Apokalypse verhindert, wir werden Testbilder für immer und ewig in unserer immer weiter zusammengeschalteten Welt aufbewahren.

Lotek64: Der nächste Verwandte zu Teletext-Kunst scheint ASCII-Kunst zu sein. Habt ihr mal darüber nachgedacht, diese beiden zu verknüpfen?

Peter Kwan: Ich bin kein Künstler, sowas sollten Künstler machen. Ich erinnere mich an ein ganz frühes Beispiel in Mort's ASCII Art (kann man im Netz finden) , wo einige grafische Elemente, z.B. Autoräder, durch Text repräsentiert wurden.

Jason Robertson: Ich bin ein C64-Mann, da liebe ich natürlich PETSCII und sowas! Es gibt auch einige ganz fantastische Beispiel für ASCII-Art aus Mailboxen. Aber deren technische Formate sind alle unterschiedlich, selbst wenn sie unter der Oberfläche alle zeichenbasiert sind.

Dan Farrimond: Überraschenderweise habe ich im Teletext nur ganz wenig mit ASCII-Art gemacht. Mein erster echter Versuch war, glaube ich, ein Weihnachtsbaum für den ARD-Text-Adventskalender von 2016. War wirklich eine spaßige Aktion, daher werde ich in Zukunft sicher mehr davon produzieren... vielleicht sogar für ein dediziertes Teletext-ASCII-Projekt. Beim VBI-Microtel-Projekt (http://projects.lektrolab.com/microtel/), das oft als Wiedergeburt der Teletext-Kunst gefeiert wird, gab es eine ansehnliche Zahl von ASCII-Einreichungen. Ich bin ziemlich sicher, dass kommerzielle Dienste sich bis zu einem gewissen Punkt auch an Teletext-ASCII versucht haben, und einige ihrer Kunstwerke tauchen dann in dem momentan von Jason angestrebten Teletext-Videoband-Wiederherstellungsarchiv auf.

Lotek64: Wie habt ihr rausgekriegt, wie man Teletextseiten herstellt? Könnt ihr uns einen Einblick in euren kreativen Prozess beim Herstellen von Teletextseiten geben?

Jason Robertson: Indem ich die technischen Spezifikationen durchgelesen habe. Es gibt

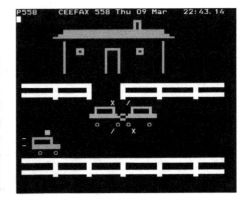

zwei verschiedene: Die Original-Spezifikationen von 1976, die sind leicht zu verstehen, aber manchmal etwas ungenau, und die späteren Spezifikationen der European Broadcasting Union, die etwas mehr in die Tiefe gehen.

Dan Farrimond: Durch Experimentieren! Zuerst lernte ich 2006 den Cebra Text Teletext-Editor kennen und verbrachte ein paar Wochen damit, seine vielen Features zu erkunden. Wir sprechen hier ja von einer Technologie aus dem Jahr 1970, da gab es also nicht viel Technisches herauszufinden... aber das Erstellen einer ästhetisch ansprechenden Teletext-Seite zu erlernen, das kann das ganze Leben dauern! Nach über zehn Jahren haben wir heute wenigstens etwa ein halbes Dutzend frei verfügbare Editoren, durch die der Herstellungsprozess von Teletext-Seiten schon viel user-freundlicher geworden ist.

Bei meinem eigenen Arbeitsablauf verwende ich ein Bildbearbeitungsprogramm, mit dem ich Seitengestaltung mit Hilfe von Layern vornehmen kann. Das mache ich nur, weil mir das besser so passt, es gibt sicher viele Gelegenheiten, wo man seine Seiten genauso gut gleich im Teletext-Editor zeichnen könnte.

Jede Seite fängt allerdings mit einer Idee an, sei sie in meinem Kopf, sei es eine kleine Zeichnung in meinem Notizbuch. Manchmal, wenn ich die Zeichnung mit der Maus nicht so schnell nachgezeichnet kriege, scanne ich sie direkt in die Teletext-Vorgabeseite.

Bei komplizierteren Seiten, besonders welchen mit Hintergrundfarben oder der verborgenen „gehaltenen Grafik", muss man etwas vorausplanen. Ich überlege mir, wie die wohl eingebunden werden könnten, und lasse schon mal Platz in der Teletext-Matrix für Control-Codes.

Vorgabemäßig hat eine Teletext-Seite weiße Zeichen auf schwarzem Untergrund. Man kann aber in der Gesamtmatrix von 40x24 Zeichen „Control-Codes" zum Ändern der Farben, Einfügen von Zeichen im Grafikmodus (Pixel-Art-Modus) oder Blinken eines Zeichens vorsehen.

Unter normalen Umständen bleiben Stellen, die von einem Control-Code besetzt sind, leer, darum muss man solche Zeichen in die Designs mit einbeziehen und ihr Vorkommen dementsprechend bedenken.

Entgegen der Tatsache, dass man ein Stück Teletext-Kunst in nicht mehr als 30 Minuten hinbekommen kann, warte ich üblicherweise 24 Stunden und veröffentliche das Bild dann erst, gehe also erst nochmal mit frischem Blick darüber – auf diese Weise erkennt man Fehler viel besser und Stellen, die noch verbesserungsbedürftig sind. Ich würde sagen, diese Vorgehensweise sollte man überhaupt bei jeder Art irgendwie kreativer Arbeit einschlagen!

Lotek64: Eine faszinierende Eigenschaft von Teletext ist, dass man es aus alten VHS-Aufnahmen heraus wiedererzeugen kann. Warum geht das, und wie kann man Teletext aus beliebigen TV-Aufzeichnungen heraus rekonstruieren? Wie viele Minuten Aufzeichnung braucht man für einen kompletten Teletext-Dump?

Peter Kwan: Diese Frage überlasse ich den Experten, aber die Techniken, aus so schlechten Signalen noch Daten zu extrahieren, sind so clever, dass ich davon ausgehe, dass diese Jungs jederzeit für die Kommunikationsbehörde der Regierung arbeiten könnten, wenn sie wollten.

Jason Robertson: Teletext kann von allen gängigen Bandtypen wie VHS oder Betamax rekonstruiert werden. Teletext wurde ja in einem analogen Format übertragen und Videorekorder zeichneten das ganze analoge Signal auf (auch das kleine Stück am oberen Rand des Fernsehbildes, wo die Teletext-Daten liegen, das Fernseher aber normalerweise nicht anzeigen), die Teletext-Daten wurden also mit aufgezeichnet. Leider tendieren TV-Rekorder dazu, die Daten beim Aufzeichnen zu verwaschen – man kann das daran erkennen, dass Videoaufzeichnungen nicht so klar sind wie das Originalfernsehbild.

Zum Glück, mit Technologie, die Alistair Buxton entwickelt hat, kann man diese Daten mit einer TV-Capture-Karte digitalisieren, das Ganze bearbeiten und daraus dann die ursprünglichen Teletext-Daten extrahieren. Ist nicht perfekt, aber man kombiniert dann die Ergebnisse von mehreren Samples einer Seite und mittelt damit die Fehler weg. Wenn wir die Daten erst mal haben, können wir sie im Originalformat speichern, im HTML-Format, oder wir können sie in jedes andere gewünschte Format konvertieren.

Die Zeit, die man für einen kompletten Teletext-Dump braucht, hängt vom längsten Karussell ab (wobei ein Karussell eine Seite ist, die aus mehreren Unterseiten besteht, die nacheinander immer wiederkehren). Hast du nur eine einzige Seite in einem Karussell, dann dauert der Abruf genau einen Durchlauf aller Seiten lang. Wenn das längste Karussell zehn Unterseiten umfasst, dann brauchst du so viel Zeit, wie zehn Durchläufe aller Seiten benötigen.

Allgemein gesagt, reichen 20 bis 30 Minuten Aufzeichnung. Obwohl du von jedem beliebig kurzen Stück Aufzeichnung Daten entnehmen kannst, wenn du willst. Hast du mehrere Versionen von derselben Seite, ist es sowieso besser, diese abzugleichen und Fehler so auszumerzen (ab einem bestimmten Punkt hast du dann aber nach einer Zeit „schrumpfende Einnahmen").

Lotek64: Für welches Medium ist eure Teletext-Kunst eigentlich gedacht, man kann sie doch nicht einfach in ihrem angestammten Zuhause an-

zeigen, oder? Sollen sie auf einem Computer-Bildschirm angeschaut werden oder auf einem iPad oder soll man sie ausdrucken und an die Wand hängen? Soll die Tate Gallery Teletext-Kunst auf einem Display anzeigen?

Dan Farrimond: Für mich ist Fernsehen das beste Wiedergabemedium für Teletext, aber wenn man das nicht hat, sind Smartphones so etwas wie die natürlichen Nachfolger. Gibt es einen besseren Weg, kurzgefasste Nachrichten und Meldungen auf dem Weg zur Arbeit abzurufen?

Was die Kunst angeht, wollen meine Kunden die Seiten meistens als Teletext oder in Grafikformaten, aber erst vor ein paar Monaten habe ich auch eine Anfrage gehabt, wo ein einzigartiger, nie gesehener Ausdruck verlangt wurde! Ein Teil von mir wünscht sich Teletext-Seiten auf einer drei Meter großen Autobahnanzeigetafel, in der die Autofahrer ermahnt werden, ihre Augen auf der Straße zu halten oder sowas.

Man könnte Teletext-Seiten auch in einer Art „Wähle dein individuelles Abenteuer"-Buch bringen, wo die Leser aufgefordert werden, „Seite 34 aufzuschlagen", um die neuesten Sportschlagzeilen zu lesen. Sie werden dann aber im Gegensatz zu einer lebendigen Multimedia-Erfahrung mit dynamisch sich ändernden Inhalten zu einem Archiv.

Tate Britain hat Teletext-Kunst sogar schon ausgestellt, wenn auch nur kurzzeitig – sie beschafften sich neun würfelförmige Fernsehgeräte für die „Late at Tate"-Blockparty Juni 2015 in London. Offensichtlich sind sie genauso besessen vom Konzept einer „Wand der Teletext-Fernseher" wie ich!

Ich bin ziemlich zuversichtlich, dass irgendwer wie Tate Teletext schließlich auf einer mehr zeitlich unbegrenzten Basis ausstellt. Dieses Jahr noch wird es die ersten Teletext-Ausstellungen in englischen Galerien geben, und

wirklich diesen kleinen Computer für viele Dinge, die heute mit Mobilgeräten erledigt werden. Teletext war nicht so vielseitig, aber immer noch recht nützlich. Wofür habt ihr ganz persönlich Teletext eingesetzt?

Peter Kwan: Ich brauchte Teletext für meinen Job bei ITN. Es war immer eine große Hektik zu den News at Ten zurechtzukommen und es war mein Job, die Mittwochsfußball-Resultate zu bringen. Zur Zeitersparnis hab ich immer die Spielergebnisse aus dem BBC-Ceefax-Dienst eingespielt, die waren am schnellsten. Später bekam ich die Daten auf einem Blatt Papier und konnte dann vergleichen, ob alles richtig war. Zuhause benutzte ich Ceefax hauptsächlich zum Lesen der Nachrichten, für den Wetterbericht und als Fernsehzeitung. Früher hatte ich einen Rekorder mit eingebautem Dekoder. Ich hätte ihn behalten sollen, denn Online-Dekoder sind wirklich selten heutzutage.

es wird nicht lange dauern, bis die größeren Museen Notiz von dieser schnellwachsenden Kunstform nehmen werden.

Peter Kwan: Aus meiner Sicht ist die ursprüngliche Heimstatt von Teletext nicht tot. Man braucht nicht mehr als einen alten Fernseher und einen Raspberry Pi. Für das Stroud Fringe Festival hatte ich eine ganze Reihe von Teletext-Fernsehern überall in der Stadt, die ganz unterschiedliche Seiten anzeigten.

Jason Robertson: Die meisten gebräuchlichen Fernseher stellen heutzutage Teletext dar, weil eine Implementation der Dekoder-Hardware kaum Kosten verursacht. Fernsehgeräte werden heute international angeboten, daher handelt es sich immer um das gleiche Gerät, egal, ob man es in England, wo es keinen Teletextdienst mehr gibt, oder in Deutschland kauft, wo Teletext noch zu sehen ist.

Lotek64: Zwischen 1983 und 1989 wurde Ceefax dazu verwendet, Software für den BBC Micro zu übertragen. In Frankreich gab es ähnliche (und technisch anspruchsvollere) Projekte. Das Minitel, eingeführt 1982, wurde richtig populär und ebnete den Weg für das Internet. Ich erinnere mich an einen Besuch bei einem Freund in Paris vor der Internet-Ära, da benutzten die Menschen

Jason Robertson: Es gab für den C64 keine Telesoftware, darum hab ich Teletext auch nicht in dem Zusammenhang benutzt. Ich las die Musikseiten und die mehr technisch orientierten Seiten, und ich habe versucht, die versteckten Seiten zu finden, die nirgendwo im Index waren.

Dan Farrimond: Für mich war Teletext schon allein wegen der Sportnachrichten wichtig. Wenn ich von einem Fußballspiel nach Hause kam, wollte ich gleich wissen, wie die anderen Vereine abgeschnitten haben, und vor allem wie die Wigan Athletics, mein Club, in der Liga standen. Ich erinnere mich auch, dass ich im Teletext verfolgt habe, wie das englische Cricket-Team 1998 die Südafrikaner schlug... live im Teletext! Und vielleicht am bemerkenswertesten, Teletext informierte mich zuerst über den Tod von Michael Jackson – das war schon im Jahre 2009, in der Endphase des Teletext. Ich verwendete Teletext für fast alles – Nachrichten, Wetterbericht, Flugzeiten, Fernsehprogramm, Spiele und so weiter. Ich schrieb sogar Briefe an die Teen-Magazin- und Musikabteilungen über so peinliche Sachen wie eine Warze, die ich mir mal mit einem Bleistift aus der Fußsohle pulte.

Am liebsten mochte ich die Kinderabteilung auf Channel 4, selbst wenn ich vielleicht schon ein bisschen alt war für das Angebot dort. Da gab es solche Juwelen wie den unglaublich farbenreichen wöchentlichen Cartoon „Turner the Worm" und die oft gezeigten, urkomischen „Frame It – Kids"-Zeichnungen, die in Teletext-Seiten konvertiert waren.

Dann gab es da noch die Kummerkasten-Kolumne, die eigentlich ernst gemeint war, aber immer lustiger endete als meine schlimmsten Zeich-hoppla-nungen, ich meine, die Zeichnungen, die man als Kind so verbricht. Ahem...

Lotek64: Teletext war ja auf eine Art revolutionär. Man konnte es rund um die Uhr aufrufen und

es kostete nichts. Und man erhielt dort eigentlich ganz nützliche Informationen. Nachrichten, Musik- und Kino-Charts, Sport... Im Teletext gab es all das Jahre, bevor es überhaupt Webseiten gab. Man konnte es nur nicht personalisieren, wie man das heute bei den modernen Internetdiensten tun kann. Haben die Integration von Sozialen Medien und „personalisierte Werbung" den Teletext letztendlich umgebracht?

Dan Farrimond: Ich glaube nicht, dass nun gerade Teletext unter den Sozialen Medien gelitten hätte, weil es so etwas ganz einfach sich hätte aneignen können – ich denke, das wird in Kürze sogar direkt bewiesen, wenn nämlich das erste Teletext Social Network endgültig an den Start geht!

Desgleichen bin ich sicher, dass Nachrichten-Webseiten und Aggregatoren dem Teletext nicht geschadet haben, denn das eine bietet auch editoriale Zusammenfassungen des anderen an. Die beiden Dienste sind jeweils von unterschiedlichem Typ.

Die Personalisierung ist schon ein Faktor, weil das Internet uns daran gewöhnt hat, dass wir unsere ganz eigenen Interessen verfolgen können. Der Teletext erfreute uns auf universelle Weise, man konnte dort ein „bisschen von allem" finden, angefangen von Umweltfragen bis hin zu Brieffreundschaften und Schach-News – es war das ultimative Magazin für allgemeine Interessen.

Es gibt aber viel Raum für allgemeines Werben in der Nach-Teletext-Gesellschaft – Ich sehe immer noch ungezählte Werbeposter in den Buswartehäuschen und 30-Sekunden-Werbespots in den großen Fernsehkanälen. Vielleicht haben sie mich sogar dazu gebracht, hier und da eine DVD-Box zu kaufen, oder auch zwei!

Was hat also den Teletext umgebracht? Ich schlage mal als Idee vor, dass Mobiltelefone nicht den erforderlichen Chip eingebaut haben. Wenn Teletext-Apps nicht standardmäßig mitgeliefert werden, ist es sehr unwahrscheinlich, dass so etwas überhaupt genutzt wird. Teletext war in jedem Fernseher eingebaut, daher nutzten die Menschen den Dienst wie selbstverständlich.

Die Werbeindustrie ist da, wo der Kunde ist, und am Ende des Tages wurde Teletext nur für Live-Wetten während des Spiels und für Billig-Urlaubsangebote genutzt. Die Fernsehnutzer waren gelangweilt und stießen das eben-noch-geliebte Medium beiseite für die nächste große Sache.

Kaum vorstellbar, aber irgendwann ereilt dieses Schicksal auch das Internet. Wird es überhaupt so lange existieren wie der Teletext?

Peter Kwan: Der Wechsel von analoger zu digitaler Technik hat es getötet. Wozu hätte die neue Technologie Teletext unterstützen sollen, so etwas war völlig sinnlos, es ging doch jetzt viel besser. Warum die Leute dazu zwingen, sich Seitennummern zu merken, wenn man doch einfach auf einen Link zu klicken brauchte?

Was nicht bedacht wurde, war die Geschwindigkeit des Systems. Teletext ist auf modernen Dekodern sehr schnell. Man kann sehr schnell durch die Artikel zappen. Die Meldungen müssen auf vier Sätze zusammengeschmolzen werden, da dauert das Lesen dieser Nachrichten auch nicht lange. Das System bricht auch nicht zusammen, wenn Hacker versuchen, sich daran zu schaffen zu machen, oder wenn ein vollkommen überladener Artikel die Webseite zum Absturz bringt. In einem Notfall hätte England es hingekriegt, aus irgendeinem geheimen Studio zu senden und über ein geheimes Teletext-System.

Jason Robertson: Ich glaube, dass die Smartphones den Teletext umgebracht haben – wo du auch bist und wann du willst, kannst du heute auf Nachrichten und Informationen zugreifen, mit einem Bildschirm, der in jede Hosentasche passt. Entweder die waren es, oder weil auf Teletext nicht endlos unterhaltsame Katzenvideos geliefert werden.

Lotek64: Ein interessantes historisches Detail für österreichische Leser: Österreichs öffentlich-rechtlicher Sender ORF war europaweit der dritte Sender, der einen Teletext-Dienst anbot. Der ORF kaufte einfach das beim BBC ausgediente Equipment auf und fing damit an. Teletext eröffnete im Jahr 1980 mit nur 500 „kompatiblen" Fernsehgeräten in ganz Österreich. Leider konnte mir niemand mehr sagen, wo dieses ursprüngliche Equipment geblieben ist. Hat von euch jemand versucht, dem Maschinenpark der BBC hinterherzuspüren (bevor er – wahrscheinlich – von normalen Computern ersetzt wurde)?

Peter Kwan: Die alten Maschinen sind bestimmt schon vor langer Zeit zerstört worden. Ich hatte allerdings privat ein System im Farnborough Airfield, das seit den 1980er Jahren zwei Direkt-Inserter in Betrieb hatte. Sie sind von einem früheren Kollegen wiederentdeckt worden, als das System vor zwei Jahren endgültig vom Netz ging. Sie funktionierten noch einwandfrei.

Jason Robertson: Das wusste ich nicht! Ich denke, die Ausstattung ist vor langer Zeit schon auf den Müll gewandert. Das BBC Ceefax hatte ein Austauschprogramm mit Österreich Anfang der 1980er Jahre, und ich habe ein paar Beispiele im Archiv, die österreichische Wetterkarten zeigen. Wahrscheinlich war das ein Probelauf bei der Automatisierung digitalen Datenaustauschs über weite Strecken.

Dan Farrimond: Ich fürchte, nach dem, was mir frühere Ceefax-Mitarbeiter erzählen, dass der größte Teil des alten Teletext-Equipments auf dem Müll gelandet ist... aber vielleicht hat ja irgendeiner die Vorausschau gehabt und so einen Digitiser vor der Müllverbrennungsanlage bewahrt und mit nach Hause genommen? Teletext-Inserter tauchen hin und wieder auf Ebay auf, genau wie diese merkwürdige Tastatur mit den farbigen Control-Code-Knöpfen. Ich weiß auch, dass zumindest eine Person versucht hat, ein 70er-Jahre-System aufzuspüren, das noch mit dem Teletext-Chip ausgestattet war. Vielleicht wird das ja mal auf dem dunklen Dachboden von irgendeinem netten Mitmenschen entdeckt.

Lotek64: Was erwartet uns in der der Zukunft, was den Teletext angeht?

Dan Farrimond: Ich hoffe ja, dass Teletext in den nächsten 50 Jahren in wissenschaftlichen Lehrbüchern landet und gefeiert wird als künstlerisches Medium. Es werden Bücher darüber erscheinen und Dokumentationen entstehen, darüber, wie dieses wirtschaftlich sterbende Medium von Designern und der Öf-

fentlichkeit neu belebt wurde für die Belange der Kunst.

Kürzer ausgedrückt, ich sehe weitere Teletext-Festivals, Ausstellungen und Events, um Teletext-Kunst nach ganz Großbritannien zu bringen, voraus. Wenn wir die Block-Party auf Tournee bringen könnten, würden ganz bestimmt die Leute anfangen, sich dafür zu interessieren.

Und danach? Wer weiß? Weltherrschaft, denke ich.

Peter Kwan: Ich wünsche mir, dass in Zukunft alle, die mit Teletext herumexperimentieren möchten, das auch tun können. Es gibt auch schon einen Trend, die Systeme einander kompatibler zu machen, damit man besser austauschen kann. Es gibt sogar Teletext-Übertragungen auf Amateur-Fernsehangeboten. Allerdings wird es in spätestens zehn Jahren Teletext-Systeme und ihr Angebot nur noch von ausgesprochenen „Umweltschützern" geben. Sprich, die Bewegung existiert dann noch, die Leute arbeiten dann aber auf Computern und Raspberry Pis oder was immer in 2027 aktuell sein wird.

Jason Robertson: Teletext wird sich mehr und mehr in das Reich der Hobbyisten zurückziehen und die Sender werden schrittweise aussteigen. Wenn du Teletext empfangen kannst, genieße es, solange es noch geht.

Lotek64: Danke an alle!

Das Interview führte **Georg Fuchs**. Danke an **Carl Attrill** für die Unterstützung! Bilder von **Dan Farrimond**. Übersetzung: **Arndt Dettke**. ∎

C64-Directory-Bewerb

LOAD"$",8

Die C64 Scene Database (CSDB) veranstaltete Anfang dieses Jahres einen Directory-Art-Wettbewerb. Zugelassen waren alle C64-Directories, die sich mit LOAD"$",8 laden und dem Befehl LIST anzeigen lassen. Dabei waren alle denkbaren Tricks erlaubt, was zu erstaunlichen Ergebnissen führte.

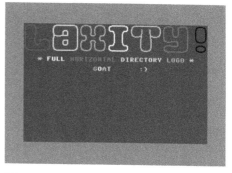

■ Der erste Platz ging an einen Lotek64-Lesern gut bekannten Coder namens GOAT.

■ Platz 2 (Ausschnitt): Allfather von Mermaid

■ Platz 4 (Ausschnitt): The Big Lebowsky von Goat

PC-Festplatte am C64-Bus

Es gibt mehrere Möglichkeiten, einen Massenspeicher mit großer Kapazität am C64 anzuschließen: CMD-HD (selten und teuer), IEC-ATA-V2 (begrenzter Speicher fürs Betriebssystem), SD2IEC (für SD-Karten) und als Neuestes NLQ-HD, das hier vorgestellt wird.

von Jochen Adler

N LQ-HD ist eine kleine Platine, die es ermöglicht, preiswerte PC-Festplatten am C64 zu benutzen. Dies ist für jeden interessant, der noch eine alte Festplatte zu Hause hat. Es werden Festplatten von 40MB bis 128GB unterstützt, die einen (älteren) parallelen Anschluss haben. Festplatten mit mehr als 128GB kann man auch anschließen, allerdings wird dann nur eine erste Partition bis zu eben dieser Größe unterstützt. Modernere seriell angeschlossene Festplatten lassen sich über einen Adapter, den es für wenige Euro im Internet gibt, ebenfalls benutzen. Auch das Einbinden von CF-Karten ist möglich, wobei sich dann allerdings die Frage stellt, ob man nicht einfacher SD2IEC benutzt. Außerdem ist der Wechsel der Karte während des Betriebs nicht erlaubt.

Die Bedienung erfolgt über drei Tastschalter und zwei Leuchtdioden. Am C64 selbst muss keine Erweiterungskarte am Expansionsport eingesteckt sein oder sonst eine Veränderung vorgenommen werden. Der Anschluss erfolgt über den ganz normalen seriellen C64-Bus, wobei sogar die schnellen JiffyDOS-Routinen emuliert werden.

Individueller Aufbau

Ein großer Vorteil gegenüber anderen Selbstbauprojekten ist, dass die Platine so gestaltet ist, dass ein Einbau in ein Gehäuse möglich ist. Der User hat sogar die Wahl, ob er Platine und HD in ein Standard-Gehäuse vom Elektronik-Versand Reichelt oder in ein 1541-II-Gehäuse einbauen will. Aber auch die Benutzung ohne jedes Gehäuse ist möglich, auf der Platine ist Platz für die LEDs und Taster vorhanden.

Weiterhin kann der Benutzer entscheiden, ob er ein Netzteil anschließen will, das nur

12V hat, oder eins, das 12V und 5V liefert. Bei letzterem ist allerdings zu beachten, dass ein 1541/81-Netzteil zu schwach ist, so dass ein altes PC-Netzteil zu empfehlen ist.

Die letzte Auswahlmöglichkeit ist, ob man eine Überspannungsschutzschaltung wünscht.

Je nach individuellem Aufbau liegt der Preis zwischen 25 und 45 Euro (ohne HD, ohne Netzteil).

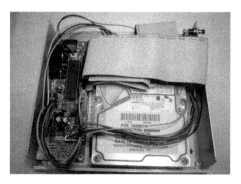

Einfacher Aufbau

Das Zusammenlöten und -bauen ist sehr einfach. Beim Konstruieren der Platine wurde darauf geachtet, dass nur einfach zu verlötende konventionelle Bauteile benutzt werden. Es muss kein einziger winziger, schwierig zu verlötender SMD-Chip angebracht werden. Auf www.nlq.de ist eine ausführliche bebilderte Aufbauanleitung.

Nach dem Aufbau muss noch das Betriebssystem zum Mikrocontroller übertragen werden. Auch dies geschieht sehr anwenderfreundlich direkt vom C64 aus, ohne jedes Spezialkabel. Hierfür und fürs anschließende Konfigurieren gibt es Anleitungen auf der erwähnten Internetseite. ∎

Beschreibung
http://wwww.nlq.de/

Der Autor: Jochen Adler

Zu Weihnachten 1984 bekamen mein Bruder und ich – ich war damals 22 Jahre alt – einen C64 mit 1541-Laufwerk geschenkt. Leider nahm mein Bruder den Rechner komplett in Beschlag, so dass ich erst sechs Jahre später anfangen konnte, mit dem C64 zu arbeiten. Seitdem programmiere ich, anfangs in Basic, jetzt hauptsächlich in Assembler. Besonders angetan haben es mir serielle Geräte. Ich habe inzwischen zwei Hardware-Floppy-Speeder gepatcht, nämlich SUPRADOS (veröffentlicht in der 64er 6/96) und S-JiffyDOS, und zwei Projekte gestartet, bei denen man über einen Mikrocontroller ein paralleles IEEE-CBM-Laufwerk bzw. eine parallele HD am C64-Laufwerksbus anschließen kann.

16. Commodore Meeting Wien

Am 13. Mai 2017 fand zum 16. Mal das Commodore-Meeting in Wien statt. Wie bereits in den letzten Jahren ermöglichte Thomas Dorn das größte österreichische Szene-Treffen in seinen Räumlichkeiten. Zu sehen gab es interessante Geräte nicht nur aus dem Hause Commodore.

Zu sehen gab es u.a. einen seltenen Amiga 3400 (A4000-Prototyp), einen C232 (Plus4-Prototyp) sowie einen A600 mit Vampire- Turbokarte, angeschlossen an einen HDMI-Monitor. Erwähnenswert sind auch der kanadische Plus4, ein japanischer FM TOWNS sowie die Neo-Geo-AES-Konsole, welche sich mit Metal Slug 3 als besonderer Publikumsmagnet herausstellte. Auch der DraCo-Amiga-Clone sowie Klassiker wie ein C128D mit Nadeldrucker, ein C64c (in blauem Gehäuse) und kuriose C64-Umbauten durften nicht fehlen. ∎

Fotos: Stefan Egger

Krimi-Spiel aus der Feder von Roberta Williams

The Colonel's Bequest

Im Jahr 1989 bescherte uns Sierra On-Line einen Krimi aus der Feder der „King's Quest"-Schöpferin Roberta Williams. Laura Bow durfte in „The Colonel's Bequest – A Laura Bow Mystery" ihren ersten Fall auf gleich drei Computersystemen (Amiga, Atari ST & MS DOS) lösen. Wie in vielen Krimis dreht sich auch hier alles um das Klischee der „gierigen Erben".

von Michael Krämer

Nach erfolgreicher Fingerabdruckerkennung (Kopierschutzabfrage) wird der Spieler in das Jahr 1925 versetzt und steuert die Protagonistin Laura Bow, Studentin, aufstrebende Journalistin und Tochter eines Kriminalkommissars. Gemeinsam mit ihrer Freundin Lillian Prune und ihrer Mutter Ethel reist sie zur Plantage von Lillians reichem Onkel Colonel Henri Dijon. Auch der Rest ihrer Verwandtschaft ist eingeladen. Wie es sich für einen Krimi gehört, befindet sich die Plantage auf einer abgelegenen Insel und man ist umgeben von Verdächtigen.

Am Abend sitzt man gemeinsam am Esstisch. Der alte, exzentrische Herr im Rollstuhl verkündet, dass er sein Testament aufgesetzt habe und all seine Besitztümer auf alle lebenden Verwandte und Freunde aufgeteilt werden sollen. Typischerweise ist das Verhältnis der potenziellen Erben untereinander nicht das beste und selbstverständlich trägt jeder der Anwesenden das eine oder andere dunkle

"If any of you should die before I do, then your share will be distributed equally to the surviving parties."

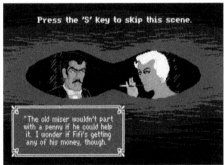

Press the 'S' Key to skip this scene.

"The old miser wouldn't part with a penny if he could help it. I wonder if Fifi's getting any of his money, though."

Geheimnis mit sich herum. So kommt es in den nächsten Stunden des Öfteren zu Streitereien, intimen Vier-Augen-Gesprächen und „rätselhaften" Todesfällen, die Laura aufzuklären versucht. Das bedeutet: sich umsehen, Gegenstände und Spuren untersuchen, Gespräche führen und Leute belauschen. Dabei sollte Laura jedoch behutsam vorgehen, denn natürlich kann auch sie einem Mord zum Opfer fallen. Aber auch das alte Herrenhaus und seine Umgebung bieten allerlei Gefahren, die in tödlichen Unfällen enden.

meln; Sackgassen, die das weitere Vorankommen verhindern, gibt es nicht. Nach erfolgreicher Lösung des Spiels wird die detektivische Leistung des Spielers bewertet und man kann einen Blick in Lauras Notizbuch werfen. Einige Seiten können dabei den Vermerk „Incomplete" enthalten, dadurch sollen Neugier und Spürsinn für ein erneutes Durchspielen geweckt werden. ■

Und wem das alles noch nicht genug ist, der kann sich zusätzlich noch auf eine Schatzsuche begeben.

Das Spiel kommt je nach System auf zwei bis zehn Disketten daher und wird in gewohnter Sierra-Manier mittels Joystick/Maus/Tastatur und Textparser gespielt. Wie üblich gibt es auch in diesem Spiel wieder Punkte zu sam-

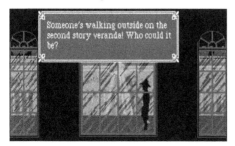

Der Autor: Michael Krämer

Ich bin Jahrgang 1986, gelernter Softwareentwickler und begeisterter Adventure- und Rollenspiele-Fan. Wenn mich gerade mal nicht meine Katze in Beschlag nimmt, dann beschäftige ich mich mit klassischen Computern, Programmieren oder sehe mir einen Film aus meiner Sammlung an.

Ein Verkaufsschlager

Heutzutage werden mehr oder weniger gute Simulatoren zu Verkaufsschlagern, gerade auf dem deutschen Markt. Viele Kritiker belächeln den gar überfluteten Markt, gerade der Trash-Faktor ist bei einigen Beispielen hoch. Doch Trash-Spiele gibt es nicht erst seit dem Simulatoren-Boom. Ende der 90er-Jahre wollte es eine niederländische Firma aus Veenendaal mit einer Rennspiel-Reihe probieren, die bis zum bitteren Ende ausgeschlachtet wurde. Eine unzulässige Worttrennung machte es möglich.

von Kevin Puschak

America first, Netherlands second: Mit diesem Ausspruch verbreitete sich in Windeseile ein Video, in dem sich die Niederlande Anfang 2017 gegenüber dem neuen amerikanischen Präsidenten Donald Trump präsentieren. Ginge es nach den Programmierkünsten der damaligen Jahre, hätten sich die Niederlande gar nicht zeigen dürfen. Zumindest wenn sie unbedingt die Firma Davilex zeigen wollten.

Mitte 1998 veröffentlichte Davilex für den deutschen Markt ein Rennspiel namens „Autobahn Raser". Ein toller und vor allen Dingen einprägsamer Name – abgesehen von der falschen Worttrennung –, bei dem sich selbst PC-Neulinge etwas darunter vorstellen können. Denn der Titel umfasst die zwei Kernbegriffe „Autobahn" und „Raser". Zudem war es mit ca. 50 DM etwas günstiger als namhafte Rennspiele zu der Zeit, wie etwa „Need for Speed".

„Ohne Regeln gnadenlos über deutsche Autobahnen", sagt der Untertitel. Wer wollte nicht schon mal mit 200 Sachen eine rote Ampel in einer großen deutschen Innenstadt durchfahren und sich dabei keine Sorgen machen, dass die Karre ggf. zu Schrott gefahren wird? Ist nur etwas unrealistisch, dass es kei-

ne Staus gibt, wenn schon die Rückseite sagt „Diesmal werden Sie nicht von Staus oder Kontrollen aufgehalten!" Denn immerhin fährt man auf großen deutschen Autobahnen und über Stadtautobahnen. Diese Straßen ohne Stau wäre gar eine Traumvorstellung, die uns dieses Spiel aber präsentieren möchte. Und das gar nicht mal so realistisch...

Das Spiel präsentiert sich zunächst als eigenartiges Duell zwischen einem Lamborghini, einen Trabant und der Polizei. Showdown ist eine spektakuläre, aber völlig zusammenhanglose Kollision eines LKWs mit vor dem Brandenburger Tor stehenden Fahrzeugen und einer anschließenden Explosion. Zugegeben, für diese Special Effects fehlte den „Profis" von Davilex schlichtweg das Geld, was man auch bei der Auswahl der Fahrzeuge bemerkt, denn die Autos besitzen Fantasiemarkennamen. So wurde etwa aus einem Trabant mal eben ein Brabant. Genau dieser steht uns zu Beginn zur Verfügung, doch man hat schon genug Geld, um sich einen Opol Astro zu holen (man kann sich denken, was das für ein Auto sein sollte). Aufrüstmöglichkeiten gibt es ebenfalls, wenn auch nur technischer Natur. Besserer Motor, bessere Reifen etc.

Kantiges Berlin

Ein fester Streckenablauf erwartet den Spieler. Abwechselnd fährt man eine Runde durch eine Stadt und eine Runde über eine Autobahn. Das Rennen beginnt natürlich in der Hauptstadt vor dem Brandenburger Tor. Wie eckig, kantig und gar pixelarm präsentieren sich die Fahrzeuge, die am Rennen teilnehmen. Begleitet von einem staubsaugerähnlichen Motorenge-

räusch düsen wir durch die Straßen der Stadt. Das Umfahren sämtlicher Straßengegenstände wie Baustellenbaken oder Ampeln funktioniert fluffig und ohne Geschwindigkeitsverluste oder ohne die Befürchtung, das eigene Fahrzeug zu beschädigen. Die Gegenstände fliegen gerne bis zu 1 km weit. Wer gegen die unsichtbare Wand oder gegen ein Fahrzeug prallt, kann sich ungefähr ausdenken, wie es denn so wäre, wenn man überall merkwürdige Gummi-Bumper am Fahrzeug hätte. Die Physikabteilung hat zumindest außerordentlich gut geschlafen... im Physikunterricht.

Nicht nur die Gegner sind unsere Erzfeinde – auch die Polizei, die an festen Standorten positioniert ist, möchte uns gerne Strafzettel verpassen, nach jedem Erwischen teurer und teurer. Und wie schnell sie uns den verabreichen können, es reicht simples Überholen und schon sind wir per Blitzüberweisung ein paar Deutsche Mark los, die wir aber dank des übertriebenen Preisgeldes schnell wieder drin haben. Da sind selbst die nächsten Erzfeinde, die Blitzer, kein Problem. Die lassen sich sogar mit etwas Glück einfach umfahren. Doch auch ein im Rennspielsegment ungewöhnlicher Erz-

feind begleitet uns: der Sprit. Egal, welches Fahrzeug man hat, der Tank ist grundsätzlich immer an den gleichen Stellen leer. Zufälligerweise sogar an einer Tankstelle, wo uns das Tanken leider viel Zeit kostet, denn die tolle und mächtige KI muss das nicht machen. Und wer das Tanken vergisst, wird von einer Straßenwacht befüllt.

Städtereisen

Am Ende eines Rennens wird noch einmal im Schnelldurchflug die gesamte Strecke gezeigt, die man gerade geschafft hat. Inklusive dem uns zustehenden Preisgeld, mit dem wir uns fürs nächste Rennen ein neues Auto, ein paar neue Aufrüstteile oder eine Reparatur leisten können. Nach und nach kann man dann mit einem Wolfswagen, einem BWM Z3, Parche 913, Mersedes SLK und als krönenden Abschluss mit einem Lambdaghini fahren. Wobei es mit dem letzteren Fahrzeug problematisch sein wird, es trotz guter Daten vernünftig zu manövrieren.

Mit Berlin, Hamburg, Köln und München hat man sich ein paar bekannte deutsche Städte herausgesucht, um mit mehreren verrückten Leuten illegale Autorennen zu veranstalten. Natürlich mit der lustigen Tatsache, dass man für die Autobahnabschnitte zwischen den vier Städten nur ein paar Minuten benötigt (man braucht mit dem Lambdaghini von Köln nach München knapp über zwei Minuten, in echt braucht man laut Google dafür ca. 6-7 Stunden).

Gurke oder Hit?

Das Spiel kam seinerzeit mit recht gemischten Gefühlen bei den Spielezeitschriften an. Während PC ACTION in der Ausgabe 6/98 stolze 72% vergab, gab es bei der GameStar nur schlappe 27%. PC Player (43%) und PC Games (60%) lagen mit ihren Wertungen mehr in der Mitte. Nichtsdestotrotz verkaufte sich das Spiel fantastisch beim deutschen Konsumenten, denn die Vorteile liegen klar auf der Hand: der Titel beschreibt das Spiel geradezu perfekt, jedermann kann sich darunter etwas vorstellen, der Preis war recht angenehm und das Spiel ist einsteigerfreundlich. Realistisch betrachtet ist es allerdings für ein Rennspiel unterste Schublade. Die Grafik ist zu simpel gehalten, die Physik ist absolut grottig und man hat nach nicht mal einer Stunde alles gesehen. Langzeitmotivation ist damit kaum gegeben. Dennoch: es ist eben einsteigerfreundlich und gerade PC-Einsteiger werden sich an diesem absurden Funracer erfreuen. ∎

Der Autor: Kevin Puschak

Kevin Puschak, Jahrgang 1994, beschäftigt sich privat als auch auf seinem YouTube-Kanal „kepu94" mit Computerspielen oder Computertechnik, insbesondere aus den 90er Jahren. Doch auch vor neueren interessanten Sachen macht er nicht Halt.

>> https://www.youtube.com/user/kepu94

Restauration eines Prototypen

Black Beauty: Amiga 3400

Der Amiga 3400 war der Prototyp für den späteren Amiga 4000. Es war weitgehend ein für Softwareentwickler gedachtes Gerät. Dies ist ein Bericht, wie ich diese Rarität auftrieb und sie restaurierte.

von Stefan Egger

Stefan Egger mit A3400 am Tag der Übergabe

Über Google habe ich ein kleines Bild eines italienischen Treffens gefunden, darauf war ein A3400 zu sehen. Oder zumindest das, was davon noch übrig war. Nachdem ich herausfand, wer der Besitzer des seltenen Stücks war, kontaktierte ich ihn Ende 2014 über Facebook. Natürlich folgte eine Absage – es war nicht ganz so einfach, diesen Schatz zu heben. Es war jedoch auch klar, dass ich so schnell nicht aufgeben würde. Schließlich im März 2016 wurde zumindest „überlegt, den schwarzen Amiga zu verkaufen".

Ein Schatz im Tiefschlaf

Nach Monaten der Funkstille war die Sensation im August 2016 perfekt: In meinem Postfach war die kurze, aber unglaubliche Nachricht, dass der Besitzer das kommende Wochenende mit seiner Amiga-Rarität nach Wien zu Besuch komme. So gut wie geschafft!

Am Freitag sollte er ankommen, gespannt wartete ich auf eine Nachricht – doch es kam keine. Platzt der Sensationsdeal in letzter Minute? Er kam später als geplant im Hotel an, unser Treffen wurde daher auf Samstag ver-

tagt. Somit hatte ich noch eine Nacht Gelegenheit, von einem A3400 zu träumen.

Haben oder nicht haben

Da es bei weniger als zehn Stück bekannter A3400 weltweit (geschätzt) nicht sehr viel Auswahl gibt, muss man wohl oder übel das nehmen, was man bekommen kann. An diesem

Ausgangsbasis: A3400 Platine, Gehäuseunterteil und Front5 ∎

* A4000 Teile für den ersten Test

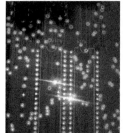

Amiga waren nur die wichtigsten Teile, wie die Platine mit Zorro-Daughterboard, das Gehäuseunterteil und die Front mit Abdeckungen und LEDs, dabei – der Rest fehlte.

Erster Start seit dem Jahr 1992

Laut Vorbesitzer war der Amiga 1992 in diesem Zustand übernommen worden und seitdem nicht im Einsatz gewesen. Ich hatte schon einige A4000-Ersatzteile, welche ich nun nutzte, um den A3400 erstmals zu testen: Netzteil, Kickstart V3.0, Diskettenlaufwerk, 2 MB Chip-RAM, CPU-Karte mit 68030. Er funktionierte!

Zumindest für kurze Zeit: Beim nächsten Start blieb das Bild schwarz. Die Freude wich einer leichten Enttäuschung, doch schon bald wurde klar, dass es sich um Kontaktfehler handeln musste. Sowohl die Kickstart- als auch die RAM-Sockel waren dem Staub der Jahrzehnte ausgesetzt gewesen, weil das Gehäuseoberteil fehlte.

Erste Hilfe

Zum Glück war der Akku, der auch im A3400 verbaut war, schon entfernt worden, sodass Auslaufschäden an der Platine in diesem Bereich nicht entstehen konnten. Wie bei allen Amigas, die in SMD-Bauweise gebaut wurden, stellen auch die Elkos beim A3400 ein Problem dar. Daher tauschte ich diese aus.

Auch die Kickstart-Sockel funktionierten trotz Reinigung nicht mehr zuverlässig und wurden getauscht. Die Kontaktfehler an den fünf Speicherslots (ein ChipRAM- und vier FastRAM-Sockel) ergaben die unterschiedlichsten Fehler: Zuerst fand ich nur 1 statt 2 MB ChipRAM vor. Auch die eingesetzten FastRAM-Speicherriegel wurden teils ignoriert oder zwar korrekt angezeigt, führten aber zu Abstürzen. Da es mir leider nicht möglich ist, diese zu tauschen, sind derzeit nur 4 MB FastRAM verbaut, womit bislang keine Fehler auftreten.

■ A4000 – A4000-Teile

■ Ausgelaufene Elkos auf einem A3400-Board

Komplettieren der Legende

Nach Erhalt des A3400 erwarb ich ein A4000-Gehäuse, um weitere fehlende Teile zu erhalten: Gehäuseoberteil, Festplattenhalterung usw. Von einem Sammlerkollegen erhielt ich die Abdeckung der Joystick-Anschlüsse sowie ein kleines Masseverbindungsblech zwischen Platine und Gehäuse.

Die Einschaltstange wurde aus einem A4000-Teil gebastelt und schwarz lackiert. Dieses Teil verbindet den sichtbaren Knopf zum Einschalten an der Front mit dem weiter hinten direkt am Netzteil angebrachten eigentlichen Schalter.

Außerdem wurden die zum Testen verwendeten Kickstart-3.0-ROMs des A4000 (v39.106) durch EPROMs ersetzt, welche die Daten des originalen A3400-Kickstarts (v39.090) enthalten. Auch die Aufkleber der ICs bildete ich nach. Vor dem üblichen Kickstart-Bildschirm erscheint nun kurz die Warnung, dass es sich um eine Beta-Version für Entwickler handelt, die nicht weitergegeben werden darf.

■ Compact-Flash-Slotblech an der Rückseite

Obwohl die Metallhalterung zum Befestigen des Diskettenlaufwerks noch fehlt, brachte ich provisorisch einen schwarz lackierten A3000-Floppyauswurfknopf an. Leider entspricht diese Metallhalterung im A4000 nicht exakt jener des A3400 und war auch nicht im gekauften Gehäuse vorhanden. Daher diese Notlösung, den Computer derzeit ohne Floppy zu verwenden bis eine Halterung gefunden ist oder angefertigt werden kann. Um den Computer auch ohne Diskettenlaufwerk nutzen zu können, brachte ich an der Rückseite statt einer alten Festplatte einen CF-Slot fast unsichtbar an.

Dann traf das eigentlich Unmögliche wieder einmal doch ein und ich fand eine echte A3400-Einschaltstange! Während des Commodore Meetings in Wien, welches im Haus eines ehemaligen Mitarbeiters von Commodore Österreich veranstaltet wird, fand ich genau jenes Teil, welches mir noch fehlte! Er hatte den A3400 damals vergünstigt bei Commodore erworben und ihn verwendet, bis er nicht mehr richtig funktionierte. Dann war er zerlegt wor-

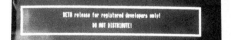

■ EPROMs mit Entwicklungsversion des 3.0-ROMs

Hinweis vor dem Boot ■

■ Der komplette Amiga 3400

den und die Reste davon konnte ich nun bergen. Leider war keine Floppy-Halterung dabei.

Zum Schluss baute ich mir noch einen Adapter zur Verwendung von schwarzen CDTV-Tastaturen (einen 5- auf 6-poligen Mini-DIN-Anschluss).

Historie des A3400

Commodore arbeitete Anfang der 1990er Jahre daran, den A3000 zu verbessern und einen attraktiven Nachfolger zu entwickeln. Die AA3000 bzw. A3000+ genannten Prototypen besaßen den brandneuen AGA-Chipsatz und einen speziellen DSP-Spezialchip (digitaler Signalprozessor). Doch durch einen Wechsel im Management wurde dieses Vorhaben ein-

gestellt. Der neue Plan sah vor, mehrere, aber sehr vereinfachte Computer auf den Markt zu bringen: Den A2200 und den A2400.

Diese Rechner besaßen nur den veralteten ECS-Chipsatz des A3000 und einen langsamen IDE-Anschluss statt SCSI. Sie teilen sich dieselbe Hauptplatine (eine ist weltweit bekannt), wurden jedoch in unterschiedlichen Konfigurationen geliefert. Der 2200 war ein kleiner Desktop-Rechner und hatte nur zwei Zorro-Slots, während der 2400 vier Slots besaß.

Doch als die Rechner fertig waren, wollte keine Niederlassung solche mit dem veralteten ECS-Chipsatz versehenen Maschinen bestellen. Somit wurde unter Zeitdruck der AGA-Chipsatz wieder hinzugefügt, was dann zum A3400 führte, dem AGA-Rechner mit vier Slots. Dieser kam schließlich als A4000 fertig entwickelt auf den Markt. Die 2-Slot-Version A3200 wurde jedoch nicht herausgebracht.

Die vielen Platinen des A3400

Während die Platine als A4000 REV 1 bezeichnet wird, finden sich überall Hinweise auf die ursprünglich angedachten Produktnamen: Am Doughterboard in REV 0.0, welches die Zorro-Steckkarten aufnimmt, stehen die Bezeichnungen A2400/3400 (die ECS bzw. AGA-Vari-

Die Platine ■

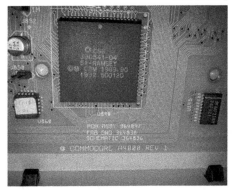

■ Zorro-Daughterboard mit Aufdruck A2400/3400

■ Alice

ante der 4-Slot-Computer). Das LED-Board ist für den A2200 in Revision 1.

Die CPU-Karte hat 3200/3400 aufgedruckt. Sie entspricht der unter dem Namen 3630 besser bekannten 68030-Karte für den A4000. Einziger Unterschied: Die A3400-Karte hatte auch einen 68020 angebracht. Die finale A4000-CPU-Karte hatte zwar weiterhin die Kontakte für einen 020-Prozessor, der Platz wurde aber nicht bestückt und offiziell nur mit 68030-CPU geliefert.

Die AGA-Chips

Der „Alice"-Chip 8374 in Revision 3: Wafer #4 bedeutet, dass dieser Chip aus dem vierten Produktionslauf aus mehreren Chips stammt. Er wurde in der 25. Woche im Jahr 1992 bei

■ Lisa

Commodore (CSG; Commodore Semiconductor Group, vormals MOS Technology) hergestellt.

Der „Lisa"-Chip wurde noch als 4203 bezeichnet und lag in Revision 2 vor. Die Commodore-Teilenummer lautete 391227-01. Vermutlich wurde dieser Chip in der 24. Woche im Jahr 1992 bei NCR hergestellt. WAF-12 bedeutet, dass dieser Chip aus dem zwölften Produktionslauf aus mehreren Chips (die zusammen auf einem Wafer, einer Siliziumscheibe, erzeugt werden) stammt.

Weitere Teile

Eine tolle Geschichte, wie ich finde. Nicht nur der Vorbesitzer war erstaunt, was aus seinem A3400 entstanden ist („God, I'm happy it is in your hands"). Einen seit 25 Jahren nicht näher beachteten, unvollständigen Amiga sowie einige der seltenen Bauteile zu finden, ist etwas, das nicht oft passiert. Noch fehlen die Floppy-Halterung und ein paar andere kleine Teile wie etwa das Logo. Dabei habe ich schon jemanden gefunden, der das A3400-Logo hat. Vielleicht meldet er sich ja in zwei Jahren mit einer kurzen Nachricht... ■

> NeXT week i'll come to wien
>
> With my black amiga ☺

■ Mit dieser kurze Facebook-Nachricht begann das Abenteuer.

Links
Webseite: http://scacom.bplaced.net/Collection/3400/3400.php
Boot-Video: https://www.youtube.com/watch?v=m2dgs7RN0zc
Video der Platine: https://www.youtube.com/watch?v=p6M56r_g54w
Pinball-Video: https://www.youtube.com/watch?v=f1x87oxaRAA

Siemens Nixdorf FD 210

Röhrenfernseher und PC in einem

Der kurz vor der deutschen Einheit gegründete Zusammenschluss aus Siemens und Nixdorf dürfte einigen noch in Erinnerung sein. Dabei denkt man nicht nur an Kassensysteme und Bankautomaten, sondern auch an nüchtern gestaltete PCs für den Bürobedarf. Tatsächlich hat Siemens Nixdorf durchaus ansehnliche Rechner für den Privathaushalt herausgebracht, u.a. eine interessante Kombination aus Röhrenfernseher und handelsüblichem IBM-kompatiblem Computer.

von Kevin Puschak

Das „Siemens Nixdorf FD 210" genannte Gerät (wurde vom Hersteller auch „Multimedia Star" genannt) sieht auf den ersten Blick aus wie ein gewöhnlicher kleiner Röhrenfernseher aus den 90er-Jahren, sogar in der damals häufig vorkommenden Farbe schwarz. Beim unteren Teil würde man sich einen integrierten CD-Spieler vorstellen oder eine Möglichkeit, das BIOS des Fernsehers zu flashen. Letzteres ist gar nicht mal so daneben gedacht. Tatsächlich ist der untere Teil dieses Fernsehers ein vollständiger Computer. Vollkommen IBM-kompatibel und in typischer Desktop-Bauform. Dem Nutzer stehen ein 8x-CD-ROM-Laufwerk von Mitsumi und ein 3,5"-Diskettenlaufwerk, ebenfalls von Mitsumi, zum Datenaustausch zur Verfügung. Rückseitig gibt es neben der Standardkost damaliger 90er-PCs (Seriell, Parallel, VGA, 2x PS/2) zwei Gameport-Anschlüsse. Da sich oben ein Röhrenfernseher befindet, findet man auch noch Composite- und Cinch-Buchsen vor. Diese Anschlussmöglichkeiten finden sich auch auf der Vorderseite wieder.

Interessante Kombination

Die Kombination an sich ist äußerst interessant, wenn man bedenkt, dass man einen damaligen handelsüblichen PC normalerweise nicht so einfach an einen Fernseher anschließen konnte. Beim FD 210 ist das allerdings kein Problem, da aus dem Röhrenfernseher

hinten ein VGA-Kabel herausguckt, welches einfach an den VGA-Anschluss des PC angeschlossen wird. Über einen Knopf auf der Vorderseite kann zwischen dem eigentlichen Fernsehgerät und dem PC-Anzeigemodus über VGA umgeschaltet werden. Über den Einschaltknopf macht man alles an, wer also nur fernsehen möchte, muss zwangsläufig auch den PC einschalten.

Der Fernseher verfügt über das Übliche an Anschlüssen, weshalb hier Videokameras, Decoder, Videorecorder, Receiver oder gar Spielekonsolen ihren Platz finden. Egal ob sie über Composite, Cinch, SCART oder über den Antennenanschluss angeschlossen werden müssen. Ich habe zum Testen meine SEGA-Master-System-II-Konsole genommen. Je nachdem, wie gut das Antennenkabel ist, was man an dem RF Out der Konsole anschließt, kriegt man ein gutes Bild über den VCR-Kanal. Bei einigen Spielen gab es jedoch Tonaussetzer (Sonic the Hedgehog: häufig; Alex Kidd in Miracle World: nur im Menü).

Keine Rakete

PC-seitig darf man bei einem Pentium mit 100 MHz keine großen Wunder erwarten. Mein Exemplar verfügte über 40 MB Arbeitsspeicher, original dürften es weniger sein.

Übernommen habe ich die ca. 810 MB große Maxtor-Festplatte meines defekten FD 202, der ansonsten über einen Pentium mit 75 MHz verfügt. Laut der Recovery-CD ist Windows 95 das Standard-Betriebssystem. Auf dem Fernseher ergibt es zwar kein knackscharfes, aber dafür von den Farben her sehr gutes Bild. Wer zocken möchte, wird eher bei MS-DOS-Titeln bleiben müssen, denn von der integrierten Tseng-Grafiklösung darf man ebenfalls nichts Großes erwarten. Das Bild lässt sich über die Drehrädchen unter dem Fernseher justieren, man kann Kontrast, Helligkeit und Bildposition horizontal/vertikal einstellen, zudem kann man das Bild in der Breite oder in der Höhe länger ziehen. Das Bild war beim Bootvorgang von Windows 95 immer verschoben. Ist es im System mittig, erscheint es im Bootscreen zu weit rechts.

Aktueller Markt

Zusätzliche Lautsprecher sind ebenfalls überflüssig, denn das Gerät verfügt über zwei 6W-Stereo-Lautsprecher und einen 10W Subwoofer. Diese entsprechen klanglich einem normalen Röhrenfernseher: nicht übertrieben gut, eher neutral gehalten.

Wer überlegt, sich so ein Exemplar anzuschaffen, sollte das Auktionshaus eBay genau beobachten, hin und wieder taucht diese Kombi auf. Die Gerätebezeichnungen variieren von FD 1xx über 20x bis zum 21x. Dies stellt das Leistungsspektrum des PCs dar, es gibt auch Exemplare mit einem 486er. Mein Gerät kam noch zusätzlich mit vier Handbüchern (ca. 87-seitige Betriebsanleitung, 28-seitiges Technisches Handbuch, vierseitige Kurzanleitung, 53-seitiges technisches Handbuch über das Mainboard), einer Recovery-CD mit einem kompletten Backup des normalerweise auf dem Gerät installierten Festplatteninhalts (u.a. mit Windows 95, Money 4.0 und Works 4.0) und einem Kaltgerätestecker. Gefehlt haben die Recovery-Bootdiskette (für den Zugriff auf das Image auf der CD) und die Fernbedienung. Nur über die Fernbedienung gelangt man in das Menü des Fernsehers, worüber man die Fernsehkanäle konfigurieren kann. Die Recovery-Bootdiskette findet man glücklicherweise auf der Support-Seite von Fujitsu.

Sparsame Verarbeitung

Achten sollte man außerdem auf die Versandkosten. Hohe Versandkosten können weh tun, erhöhen allerdings die Chancen, dass die Gerätschaft stark gepolstert und deshalb heil ankommt. Wenn der Verkäufer beim Versandpaket schlampt (oder der Paketdienstleister weniger sanft mit der Ware umgeht, was oft genug der Fall ist), erwarten einen böse Überraschungen wie eine defekte Bildröhre oder gefühlt tausend kleine frei bewegliche Plastikteilchen in der Fernseheinheit. Gerade bei der Verarbeitungsqualität wurde beim Hersteller sehr gespart, das sollte man beim Versand beachten. Wenn sich die Möglichkeit bietet, empfehle ich: das Gerät abholen. Körperlich fit sollte man auch sein, denn es wiegt 25 (!!!) kg.

Für Sammler ist der FD 210 auf jeden Fall eine spannende Sache, für Zocker eine bequeme Möglichkeit, vom Schreibtisch aus vom PC-Spiel zum Konsolenspiel zu wechseln. Der Multimedia Star von Siemens Nixdorf vereint auf interessante Art und Weise einen normalen Röhrenfernseher mit einem vernünftigen PC. So konnte man z.B. bequem die Framegrabber-Technik nutzen, da man zwischen Fernsehbild und Programm, welches das Fernsehbild gerade auffing, locker umschalten konnte. Zudem sparte man sich die Anschaffung einer TV-Karte, denn der Fernseher war ja bereits da. ■

Die famose Klangwelt des Commodore 64 anhand zweier konkreter Beispiele aus dem goldenen Zeitalter und der Neuzeit des SID-Chips von Martinland

Shuffler (1997) von Tomas Danko:

Jaa! Endlich Sommergefühle (von vor zwanzig Jahren), endlich Danko! Genau, dies Stück hat wirklich noch gefehlt in diesem unserem Streifzug, denn es strahlt Sommer, Sonne und Retro pur aus, trotz oder auch gerade wegen des leichten Hanges zur Wiederholung, welche jedoch ohnehin nach einer Minute und zwanzig Sekunden durch eine Melodei und nach weiteren fünfzig Sekunden durch ein feines

Solo gebrochen wird. Das Ganze ist natürlich wie immer viel zu kurz, und die ersten Takte bleiben weiterhin rätselhaft!
SOASC, 6581R4-Originalaufnahme:
http://tinyurl.com/y8u86og3

Summer Cloud (2007) von lft alias Linus Åkesson:

Hach, was soll's: Wieder einmal lft, und zehn Jahre später immer noch Sommer. Moderner Retro-SID-Sound für den alten (!) SID à la lft: Es werden sowohl altgediente als auch neue Chipmusik-Techniken vorgeführt, und nach eineinhalb Minuten geht's erst richtig los: Man beachte die schönen Einwürfe, die technisch an Rob Hubbard gemahnen, doch musikalisch eindeutig lft zuzuordnen sind; sein *allererstes* SID-Stück übrigens: Frohsid im Sinn!
SOASC, 6581R4-Originalaufnahme:
http://tinyurl.com/y83gqrkr

C232, Seriennummer 154

Während der Entwicklung der C264-Serie, von der schließlich die Computer C16, C116 und Plus4 in den regulären Handel kamen, entstanden ursprünglich drei andere Computer: Der V364 als Top-Modell mit vergrößerter Tastatur, Sprachchip und 64 kB RAM, in der preislichen Mitte liegend der C264, welcher bis auf den Namen und die eingebaute Software dem späteren Plus4 entsprach. Er besaß gegenüber dem V364 eine kleinere Tastatur ohne Nummernblock, der Sprachchip fehlte. Und außerdem gab es den C232, der noch günstiger sein sollte.

von Stefan Egger

Gegenüber dem C264 wurden beim C232 die Hälfte des Speichers sowie – wie bei C16 und C116 auch – der Userport entfernt. Dadurch war es möglich, die zwei Spezialchips 6551 und 6529 (ACIA) wegzulassen. Das Gehäuse entsprach – abgesehen vom Logo an der Oberseite und dem fehlenden Ausschnitt für den Userport an der Rückseite – jenem des C264 bzw. Plus4.

Seriennahe Kleinserie

Ein üblicher Hinweis, dass das Gerät ein Prototyp oder SAMPLE sei, fehlt. Auch gibt es keinen Aufkleber, dass das Gerät nicht in den Verkauf gelangen dürfe. Vom C232 wurden – anders als beim C264 und V364 – offenbar einige hundert Stück für Testzwecke und Entwickler hergestellt. Eine genaue Produktionszahl ist leider nicht bekannt. Jedoch wissen wir, dass wohl in den Niederlanden einige C232 „palettenweise" bei Lagerräumungen und an Messen günstig an Privatleute abverkauft wurden. Somit tauchen immer wieder Geräte auf, die noch nicht in Sammlerbesitz sind. Mein Exemplar hat die Seriennummer 154.

Die Hauptplatine im Detail

Das kompakte Mainboard des C232 entspricht in der Größe und in den Positionen der Anschlüsse jenem des Plus4. Unterhalb des Grafik-/Soundchips TED (hier in Keramikaus-

führung mit Kühlkörper) finden sich zwei ROM-Bausteine (BASIC, Kernal, Zeichensatz usw.) – die zwei freien Steckplätze sind vermutlich für optionale interne Software, wie sie beim Plus4 standardmäßig ab Werk verbaut wurde. Rechts unten befinden sich vier RAM-Chips (32 kB), darüber ein paar Logikbausteine zu deren Ansteuerung. Der größere Chip ist die CPU (7501), darüber liegt die PLA.

Der 6529B (der kleine Chip links unten) ist in der 9. Woche 1984 hergestellt worden und hat ebenfalls ein Keramikgehäuse. Das Betriebssystem ist in EPROMs (beschreib- und löschbare ROMs) gebrannt worden. In der Plus4-Großserie wurde die Information fix in ICs gespeichert – sie waren nicht beschreib- oder löschbar. Vorteil der EPROMs ist, dass sie in Kleinserien günstiger sind und im Ent-

wicklungsprozess immer wieder mit neuen Versionen bespielt werden können. Die späteren ROMs waren günstiger für die Massenfertigung.

BASIC-Interpreter

Der C232 hat 32 KB Speicher, von denen ca. 28 KB für BASIC-Programme zur Verfügung stehen. Das BASIC in Version 3.5 entspricht jenem, welches auch beim C16, C116 und Plus4 zum Einsatz kam. Mit Befehlen für Grafik und Sound sowie Funktionstastenbelegung und HELP-Funktion ist es gegenüber den älteren Versionen stark erweitert. ∎

Nintendo Wii Development Kit

Die Nintendo Wii ist mit fast 102 Millionen ver-
kauften Exemplaren eine der erfolgreichsten Kon-
solen überhaupt. Sie ist alles andere als selten und
muss daher auch nicht näher vorgestellt werden.
Weniger bekannt ist das „Development Kit", wel-
ches nur Entwickler erhielten: Das Modell RVT-005
mit der Bezeichnung RVT-H READER (WIRELESS).

von Stefan Egger

Während der RVT-002 (RVT-R) ein Laufwerk für „normale" DVD-R enthielt und
eine grüne Front hatte, war der in rot gehalte-
ne RVT-005 (RVT-H) die High-End-Lösung mit
einem internen Speicher für bis zu acht virtuelle DVDs („Master Disc Images"). Das System
erlaubte das Debuggen von neu entwickelten
Spielen. Ein kleiner USB-Anschluss befindet
sich an der Frontseite der Konsole, über den
die Images mittels einer speziellen Software
aufgespielt werden können. Auch GameCu-
be-Images funktionieren.

Streng geheim
Hinweise auf das vertrauliche Eigentum von
Nintendo, welches nicht weitergegeben darf,
finden sich in der Anleitung, welche auch die
Funktion näher erklärt: Ein ERROR-Knopf an
der Front löst einen simulierten Lesefehler des
Laufwerks aus. Dies funktioniert nur in Kom-
bination mit einem weiteren Knopf: Hält man

ERROR und INSERT für zwei Sekunden, entsteht ein „Retry Error", nimmt man stattdessen den DISK-CHANGE-Button, so entsteht
ein „Fatal Error".

Hält man FLUSH für zwei Sekunden, löscht
man das zuvor ausgewählte Image. Die I/E-
LED (steht für Insert/Eject) gibt an, ob ein
Image geladen ist. Der INSERT-Knopf legt eine

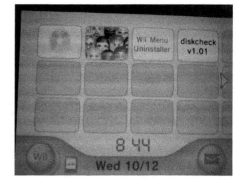

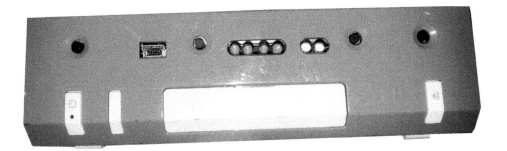

Disk ein und wirft diese aus – der EJECT Button ist dagegen nutzlos und soll sogar zu einer
Fehlfunktion führen. Mit dem DISK-CHANGE-
Knopf wählt man eines der acht Images aus;
die Anzeige darüber, welcher Slot ausgewählt
wurde, erfolgte über vier LEDs.

Mario & Luigi

Zur Unterscheidung der beiden Debug-Units
waren die Fronten entweder rot („Mario") oder
grün („Luigi"). Diese farbliche Unterscheidung
wurde von Nintendo erstmals beim GameCube
eingeführt. Der Rest der Konsole war weiß und
entspricht weitgehend einer normalen Wii.
Auch das Zubehör und das Netzteil entsprechen der Verkaufsversion.

Menü

Im Menü wird das virtuelle Image wie ein
normales Medium angezeigt. Außerdem im
Menü zu finden: „Wii Menu Uninstaller" und
„Diskcheck v1.01"

Be careful!

Besondere Beachtung benötigt auch die Ab-
schaltung des Gerätes. Vor einem Ausschalten
über die Controller wird gewarnt. Das Image
soll man auswerfen, um die verbaute HDD zu
parken. Erst nach Erlöschen der I/E-LED soll
man die Konsole über längeres Halten der PO-
WER-Taste sicher ausschalten. ∎

Dezember 2016

06.12.2016

Warum einige Videospiele für immer verschwinden könnten:
https://kotaku.com/why-some-video-games-are-in-danger-of-disappearing-fore-1789609791

FireBee, ein Atari-kompatibler Computer:
http://firebee.org/fb-bin/index

07.12.2016

Doyodo RetroEngine Sigma, eine auf Linux basierende Emulator-Konsole, vereinigt 28 Systeme in einem Gerät um 69 US-Dollar.
http://betanews.com/2016/12/06/doyodo-retroengine-sigma-linux-emulation-video-game-console-media/
https://www.indiegogo.com/projects/retroengine-sigma-mini-console-media-player-cool#/

YouTuber baut einen Atari-Emulator in Minecraft:
https://t.co/YWNVcItdni

08.12.2016

Bei der Entwicklung des iPhone versuchte Apple offenbar, für 800.000 US-D den BeOS-Sourcecode von Palm Inc. zu erwerben. Daraus wurde bekanntlich nichts.
http://www.osnews.com/story/29536/Apple_engineer_tried_to_buy_BeOS_from_Palm_for_the_iPhone

Nach 20 Jahren ist eine verschollene Rayman-Version für Nintendos SNES aufgetaucht.
https://t.co/pwVwkA4BW5

11.12.2016

Lotek64-Autor Nik Ghalustians stellt seine 40.000 Titel umfassende Videospielsammlung vor und sucht nach einem geeigneten Ort für die wertvollen Stücke.
http://orf.at/stories/2369006/2369007/

12.12.2016

Ein unveröffentlichtes Akira-Spiel für den Game Boy ist aufgetaucht.
http://bit.ly/2hdVBda

13.12.2016

Faszinierende Bilder aus der Computerwelt der 70er- und 80er-Jahre:
http://www.vintag.es/2015/08/colorful-pictures-of-computing-in-1970s.html

Lemmings in der Touch Bar des MacBook Pro:
https://github.com/erikolsson/Touch-Bar-Lemmings

Update 2016: Die zehn bestverkauften Spielkonsolen aller Zeiten sind...
http://derstandard.at/2000049224225/Update-2016-Die-zehn-bestverkauften-Spielkonsolen-aller-Zeiten

Wie man mit einem C64 eine WLAN-Verbindung herstellen kann:
https://amigalove.com/viewtopic.php?f=5&t=159

Nokia ist wieder da. Als Handy. Mit Tasten!!!1!!1elf. Und es kostet nicht viel.
http://www.golem.de/news/nokia-150-neues-nokia-mobiltelefon-fuer-26-us-dollar-veroeffentlicht-1612-125039.html

200. Geburtstag von Werner von Siemens
https://www.heise.de/newsticker/
meldung/200-Geburtstag-von-Werner-von-
Siemens-3568480.html

14.12.2016

Endlich gibt es eine originalgetreue Donkey-Kong-Konvertierung für den C64:
http://www.c64.com/games/2464

15.12.2016
Wie man einen MSX-Font am PC nachbaut...
http://www.ateijelo.com/blog/2016/09/13/
making-an-msx-font

...und dazu die passende Tastatur:
http://www.hadess.net/2016/12/making-
your-own-retro-keyboard.html

Zur Hölle und zurück – so sah das nie erschienene „Doom 4" aus:
http://derstandard.at/2000049289082/
Hoelle-auf-Erden-So-sah-das-nie-erschienene-
Doom-4

16.12.2016
Die erste fast moderne Schreibmaschine, ein Wunderwerk aus Holz:
https://www.heise.de/newsticker/meldung/
Ein-Wunderwerk-aus-Holz-Die-erste-fast-
moderne-Schreibmaschine-3572821.html

18.12.2016
Rob Hubbard erhält die Ehrendoktorwürde der Abertay University im schottischen Dundee. Hier seine Rede:
https://www.youtube.com/
watch?v=rSDz7x5UVIc

Ein Vortrag von Bil Herd über Commodore auf der Hackaday Superconference im November:
https://www.youtube.com/
watch?v=cwr8tTFGZtI

21.12.2016
Vor 20 Jahren kaufte Apple Next und holte Steve Jobs zurück.
https://www.heise.de/newsticker/meldung/
Vor-20-Jahren-Apple-kauft-Next-und-bringt-
Steve-Jobs-zurueck-3577049.html

22.12.2016
Indiana Jones III ist jetzt in der englischen Fassung auf Gog.com erhältlich (VGA-Version).
https://www.gog.com/game/indiana_jones_
and_the_last_crusade

25.12.2016
Das C64-Spiel „The Bear Essentials" ist da:

http://pondsoft.uk/bear.html

Die Shot des 8372 AGNUS:
https://siliconpr0n.org/map/mos/8372r3

Januar 2017
03.01.2017
Zahlen, bitte! 21 Seiten ... die Steve Jobs zum Weinen brachten:
https://www.heise.de/newsticker/meldung/
Zahlen-bitte-21-Seiten-die-Steve-Jobs-zum-
Weinen-brachten-3575966.html

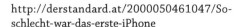

Ein Update für AmigaOS 4.1 Final Edition
http://www.hyperion-entertainment.
com/index.php/news/36-amigaos-4x/177-
announcing-amigaos-41-final-edition-
update-1

40 Jahre „Star Wars" – „A New Hope" in 4K:
http://derstandard.at/2000050139068/40-
Jahre-Star-Wars-A-New-Hope-in-4k-Version

Jubiläum für einen höllischen Klassiker – 20
Jahre „Diablo":
http://derstandard.at/2000049988011/20-
Jahre-Diablo-Jubilaeum-fuer-einen-
hoellischen-Klassiker

07.01.2017
NES Classic gehackt und mit neuen Spiele via
USB-Kabel versehen:
http://arstechnica.com/gaming/2017/01/
hackers-unlock-nes-classic-upload-new-
games-via-usb-cable/

08.01.2017
Stair Quest, ein Retro-Adventure mit EGA-
Grafik:
http://gamejolt.com/games/stair-
quest/147399#

Ein BASIC-V2-Interpreter/Compiler für Java:
https://github.com/EgonOlsen71/basicv2

10.01.2017
Super Princess' 2092 Exodus, ein neues Spiel
für den Game Boy:
http://gamejolt.com/games/super-princess-
2092-exodus/222842

The Videogame Toilet Museum:
http://videogametoiletmuseum.
tumblr.com/

So schlecht war das erste iPhone:

http://derstandard.at/2000050461047/So-
schlecht-war-das-erste-iPhone

Elcaset, ein vergessenes Medium:
http://arstechnica.com/gadgets/2016/06/
elcaset-large-cassettes/

Eine Doku zeigt, warum manche noch immer
einen Amiga verwenden:
http://arstechnica.com/the-
multiverse/2017/01/people-still-use-
the-amiga-today-and-new-viva-amiga-
documentary-shows-why/

11.01.2017
Nintendo versteckte im NES Mini eine gehei-
me Botschaft für Hacker.
http://derstandard.at/2000050547235/
NES-Mini-Nintendo-versteckte-geheime-
Botschaft-fuer-Hacker

Ghostbusters und Doctor Who für Playmobil-
Fans:
https://www.cnet.com/news/ghostbusters-
doctor-who-playmobil-funko-back-to-the-
future-willy-wonka-teenage-mutant-ninja-
turtles/

13.01.2017
Windows und Linux erhalten einen Emulator
für Palm OS 5.5 Garnet:
http://www.osnews.com/story/29602/The_
elusive_Palm_OS_5_5_Garnet_emulator_for_
Windows_Linux

15.01.2017
C64-Spiel „Fire Breath" nach 26 Jahren veröffentlicht:
http://www.ctrl-alt-dev.nl/Articles/C64-
FireBreath/C64-FireBreath.html

Der komplette Quellcode des klassischen Ego-
Shooters „Turok Dinosaur Hunter" wurde auf

einer Festplatte der Entwickler gefunden.
https://t.co/Qe1pTmd20T

Ein S-Video-Board für C64C/128:
http://www.lemon64.com/forum/viewtopic.
php?t=63128

So hätte Zelda klingen können, hätte die NES-
Konsole einen SID-Chip gehabt:
https://youtu.be/daZg2fHOyIs

16.01.2017
Redakteure der PC World haben nach 30 Jahren wieder einen C64 aufgebaut und schildern
ihre Erfahrungen:
http://www.pcwelt.de/ratgeber/30-
Jahre-C64-wieder-aufgebaut-und-
ausprobiert-6467579.html

17.01.2017
35 Jahre C64: Die Geburtsstunde der „Cracker"
und Kopierer
http://derstandard.at/2000049895466/35-
Jahre-C64-Die-Geburtsstunde-der-Cracker-
und-Kopierer

1977 bis 2017: Die Geschichte von Nintendos
Spielkonsolen
http://derstandard.at/2000050767145/1977-
bis-2017-Nintendos-Spielkonsolen-in-Bildern

Eine MacOS-8-App unter macOS Sierra kom-
pilieren:
https://www.cocoawithlove.com/blog/
porting-from-macos8-to-sierra.html

19.01.2017
Das Team von GTW hat ein weiteres verschol-
lenes Spiel entdeckt, eine hervorragende C64-
Version von Chuck Rock, die nie veröffentlicht
wurde.
http://www.gamesthatwerent.com/gtw64/
chuck-rock/

Auf der CES 2017 wurde teilweise bizarres Re-
tro-Zubehör vorgestellt.
https://video.golem.de/games/18169/
retrobit-geraete-hands-on.html

22.01.2017
„Sheldon Leemon: Instedit, Circuit Lab, Map-
ping the Commodore 64" – Interview im Rahmen von ANTIC — The Atari 8-Bit Podcast:
https://www.youtube.com/watch?v=PnaFEya
Jm_E&feature=youtu.be
C64 Debugger V0.56 von Samar Productions
veröffentlicht:
http://csdb.dk/release/?id=152731

24.01.2017
The Hunter, ein vernünftig aussehender
SEUCK-Shooter für den C64:
http://www.indieretronews.com/2017/01/
the-hunter-destroy-underwater-mutants.html

Bob Bates schreibt wieder ein Textadventure.
Thaumistry: In Charm's Way soll im Oktober
2017 erscheinen und ganz klassisch mit Text-
eingabe bedient werden. Beteiligt sind neben
Bob Bates auch Chris Hülsbeck und Michael
Hengst.
http://www.golem.de/news/thaumistry-
bob-bates-schreibt-wieder-ein-
textadventure-1701-125772.html

Der Absatz von Musikkassetten ist in den USA
2016 sprunghaft um 74 % gestiegen.
http://derstandard.at/2000051432428/

Musikkassette-kommt-wieder-Verkauf-in-USA-um-drei-Viertel-gestiegen

Wie ein Speedrun-Bot Super Mario 64 und Portal auf einem SNES zum „Laufen" gebracht hat:
http://arstechnica.com/gaming/2017/01/how-a-robot-got-super-mario-64-and-portal-running-on-an-snes/
FAP80 ist ein Retrocomputer ohne nostalgische Ambitionen.
https://github.com/dekuNukem/fap80

Vor 33 Jahren erschien der erste Macintosh – genauer: der Macintosh 128K. Als 128 KByte das Maß aller Dinge waren.
https://www.heise.de/newsticker/meldung/Zahlen-bitte-Als-128-KByte-das-Mass-der-Dinge-waren-3603972.html

25.01.2017
OZ V4.7, eine neue Version des Betriebssystems für den Cambridge Z88 Portable:

https://cambridgez88.jira.com/wiki/display/OZ/OZ+V4.7+Release+Notes

Retro-Games im Aufwind: Pac-Man, Tetris und Co feiern ihr Comeback.
http://www.gulli.com/news/28114-retro-games-im-aufwind-pac-man-tetris-und-co-feiern-ihr-comeback-2017-01-25

26.01.2017
15 Jahre Lotek64: In diesem Artikel wird ein gewisser Georg Fuchs interviewt.
http://www.videospielgeschichten.de/15-jahre-lotek64-ein-blick-hinter-die-kulissen/

27.01.2017
Computergeschichte: A history of the Amiga, part 10: The downfall of Commodore
https://arstechnica.com/the-multiverse/2017/01/a-history-of-the-amiga-part-10-the-downfall-of-commodore/

28.01.2017
Adventure-Klassiker „Myst" ist für Android erschienen:
http://stadt-bremerhaven.de/adventure-klassiker-myst-ist-fuer-android-erschienen/

29.01.2017
„8 Bit Civilizations": Eine C64-Version des Strategie-Klassikers von Sid Meier wird von Fabian Hertel umgesetzt.
http://www.protovision.games/development/8_bit_civ.php?language=de

Neuigkeiten von Uwe Peters / Elektronik Technik Peters:
https://www.forum64.de/index.php?thread/72746-neuigkeiten-von-uwe-peters-elektronik-technik-peters/&postID=1118047#post1118047

Polyanna V1.00, ein Musikeditor für den Commodore 64:
http://csdb.dk/release/?id=153091

30.01.2017
Interessante Einblicke in SCummVM, ein Vortrag im Rahmen der Konferenz linux.conf.au 2017.
https://www.youtube.com/watch?v=QihSN7VCrB0

In Hoyerswerda wurde das Zuse-Computer-Museum ZCOM eröffnet.
https://www.heise.de/newsticker/meldung/Zuse-Computer-Museum-ZCOM-in-Hoyerswerda-eroeffnet-3609845.html

„Pac-Man"-Vater und Namco-Gründer Masaya Nakamura gestorben:
http://www.golem.de/news/nakamura-masaya-gruender-von-namco-und-pac-man-erfinder-ist-tot-1701-125882.html
https://www.cnet.com/news/father-of-pac-man-masaya-nakamura-dies-aged-91/

31.01.2017
Nach 24 Jahren wurde der dienstälteste Server der Welt abgeschaltet.
http://derstandard.at/2000051836026/Nach-24-Jahren-Dienstaeltester-Server-der-Welt-soll-abgeschaltet-werden

---

AmiKit 9.0 Reloaded, ein Amiga-Emulator mit 380 Amiga-Programmen für Windows und Mac, ist für 30 Euro zu haben. Betriebssystem und ROM-Images werden nicht mitgeliefert.
http://www.amikit.amiga.sk/news

Februar 2017

02.02.2017
The Neoclassical Habitat Server Project: Relaunch des C64-MMORPG Habitat von Lucasfilm Games aus dem Jahr 1985 unter der Ägide von Randy Farmer, der zum Entwicklerteam des Originalspiels gehörte.
http://www.neohabitat.org
Siehe dazu den Bericht in dieser Ausgabe.

Von Bill Gates 1981 entwickeltes Game „Donkey" gibt es nun für iOS:
http://derstandard.

at/2000051990671/Von-Bill-Gates-1981-entwickeltes-Game-Donkey-gibt-es-nun

Nach 17 Jahren wurde eine versteckte Münze in „Donkey Kong 64" gefunden.
http://derstandard.at/2000051984773/Nach-17-Jahren-Versteckte-verheerende-Muenze-in-Donkey-Kong-64

03.02.2017
Nach 27 Jahren machen Entwickler das nie fertiggestellte Spectrum-Spiel „Total Recall" spielbar.
http://derstandard.at/2000051976551/Nach-27-Jahren-Entwickler-machen-nie-fertiggestelltes-Total-Recall-Game

---

Die seltsame Geschichte des NextStep-GUI für AIX-Workstations:
http://www.osnews.com/story/29649/The_curious_case_of_NextStep_on_AIX

Ein Taschenrechner-Kartell teilt sich den Markt auf, um überteuerte, veraltete Geräte zu verkaufen, sagt Tim Gerber:
https://www.heise.de/newsticker/meldung/Kommentar-Zerschlagt-das-Taschenrechner-Kartell-3616852.html

---

07.02.2017
Quiz: Erkennen Sie diese Retro-Computer nur anhand der Eckdaten?
http://derstandard.at/2000051864630/Erkennen-Sie-diese-Retro-Computer-nur-anhand-der-Eckdaten

---

09.02.2017
20 Jahre alte GameStar-ISOs gibt es jetzt bei Archive.org zum Download:
https://archive.org/details/gamestarcd

14.02.2017
Duke Nukem 3D wurde in Deutschland nach

20 Jahren vom Index genommen.
https://www.heise.de/newsticker/meldung/
Duke-Nukem-3D-Nach-20-Jahren-vom-
Index-genommen-3623699.html
http://derstandard.at/2000052580516/21-
Jahre-spaeter-Duke-Nukem-3D-darf-jetzt-in-
Deutschland

Daydream, der erste offizielle Mac-Klon:
http://www.osnews.com/story/29661/The_
first_official_Mac_clone_Daydream

15.02.2017
Konrad Zuses Logikgatter in Lego nachgebaut:
https://sites.google.com/site/
santiagoontanonvillar/Home/lego-projects/
konrad-zuse-s-logic-gates

Richard Löwenstein kündigt den neuen Ami-
ga-Shooter RESHOOT R an:
https://www.patreon.com/loewenstein

Hewson ist (oder besser gesagt, die Hewsons
sind) wieder da mit „Hyper Sentinel", das an
„Uridium" erinnert und im Sommer 2017 erscheinen soll.

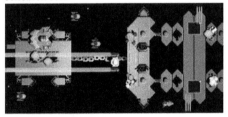

http://www.hypersentinel.com/
https://www.kickstarter.com/projects/
robhwson/hyper-sentinel-a-retro-inspired-
arcade-shoot-em-up

16.02.2017
Ist die erste CD-Generation ist am Ende ihres
Lebens angelangt?
http://cdm.link/2017/02/a-generation-of-

cds-is-already-rotting-and-dying/

Die Retrokonsole Retroblox verspricht, alte
Cartridges und CDs ohne Emulatoren spielen
zu können. Unterstützt werden Konsolen vor
allem der 8- und 16-Bit-Generation.

http://derstandard.at/2000052384485/
Atari-bis-SNES-Konsole-RetroBloxspielt-alte-
Games-ohne-Emulatoren-ab

Wiederentdeckung eines IBM PS/2 Model 50
nach zwei Jahrzehnten:
http://www.osnews.com/story/29667/
Rediscovering_an_old_IBM_PS_2_Model_50

18.02.2017
Unglaubliche Oldskool-Demo auf einem
840-Segment-Display:
http://www.plingboot.com/2017/02/
oldskool-demo-on-a-7-segment-display/

23.02.2017
Piotr Delgado Kusielczuk alias „The Mexican
Runner" hat alle 714 offiziellen NES-Games
durchgespielt.
http://derstandard.at/2000053063335/Nur-
noch-eines-fehlt-Mann-spielt-alle-714-NES-
Games

Knight-Rider-Fan „verfilmt" Kultserie in „GTA
5" neu:
http://derstandard.at/2000053084823/
Knight-Rider-Fan-verfilmt-Kultserie-in-GTA-
5-neu

24.02.2017

Am Standort der ehemaligen Europa-Zentrale des Computerpioniers Commodore in Braunschweig erinnert nun eine Ausstellung an die Zeit von C64 & Co.
https://www.heise.de/newsticker/meldung/Commodore-Retro-Schau-Die-Computer-Legende-aus-Braunschweig-3634421.html

Salzburg bekommt ein Festival für Game-Boy-Musik.
http://www.fraeuleinflora.at/2017/02/23/salzburg-bekommt-ein-festival-fuer-gameboymusik/

Originelles Werbevideo: HP schickt einen modernen Drucker in eine Computer-Sendung der 80er-Jahre:
http://winfuture.de/videos/Hardware/HP-schickt-modernen-Drucker-in-Computer-Sendung-der-Achtziger-17457.html

C64-Spiel gerettet: Bigdance &DMT
http://csdb.dk/release/?id=153884

Das Tool Flower Pot soll die Installation von AmigaOS 4 unter Windows und macOS und dem Emulator UAE erleichtern.
http://www.osnews.com/story/29680/Flower_Pot_AmigaOS_4_install_tool_for_Windows_and_macOS
http://www.amikit.amiga.sk/

25.02.2017

Artikel über das legendäre Studio der Bitmap Brothers, in dem einige unsterbliche Klassiker das Licht der Welt erblickten:
https://www.vice.com/en_us/article/a-very-belated-beginners-guide-to-the-bitmap-brothers-821

C64-Spiel Colour Blox (1993) gerettet:
http://csdb.dk/release/index.php?id=153887

John Romero im Gespräch über das Tool TEd, mit dem eine Vielzahl von Spielen entwickelt wurde:
http://www.gamasutra.com/blogs/DavidLightbown/20170223/289955/Classic_Tools_Retrospective_John_Romero_talks_about_creating_TEd_the_tile_editor_that_shipped_over_30_games.php

26.02.2017

UltrafontPC by Arkanix Labs ist ein Windows-Tool zur Entwicklung hochauflösender C64-Fonts.
http://www.lemon64.com/forum/viewtopic.php?t=63603

Slipstream, ein neues Spiel für C64 und C16:
http://www.indieretronews.com/2017/02/slipstream-2-shooter-with-seriously.html
http://csdb.dk/release/?id=153928 http://psytronik.net/newsite/index.php/c64/84-slipstream-c64

Dieser PETSCII-Editor läuft im Browser:
http://petscii.krissz.hu/

Gemini, ein Computer für die Hosentasche:
https://www.theregister.co.uk/2017/02/27/the_psions_is_back_meet_gemini/

Das Nokia 3310 ist zurück von den Toten und ist für ca. 50 Euro zu haben:
https://www.heise.de/newsticker/meldung/Nokia-3310-Zurueck-von-den-Toten-3635243.html

Das RPG Eschalon: Book I ist jetzt kostenlos zu haben.
https://www.gamingonlinux.com/articles/

the-rpg-eschalon-book-i-is-now-completely-
free-to-celebrate-being-10-years-old.9206
http://basiliskgames.com/eschalon-book-i/

Das AmigaOS-3.1-kompatible Betriebssystem
AROS erhält 64-Bit- und SMP-Unterstützung.
http://www.osnews.com/story/29684/AROS_
adding_64bit_and_SMP_support

Interessante Überlegungen zur ROM-Karte
des Apple Newton:
http://www.matthiasm.com/romCard.html

Der Vinyl-Boom bringt Produkte wie Wheel,
einen minimalistischen Plattenspieler, hervor:
https://www.heise.de/newsticker/meldung/
Wheel-Scheibe-spielt-Schallplatte-3637938.
html

März 2017

02.03.2017
Vor 30 Jahren bringt Apple die Modelle Macintosh SE und Macintosh II auf den Markt.

https://www.heise.de/newsticker/meldung/
Vor-30-Jahren-Macintosh-SE-und-Macintosh-
II-kommen-auf-den-Markt-3641900.html

Nach dem regulären Release von Vim 8.0 erscheint eine Version für MorphOS, womit der

Texteditor zu seinen Amiga-Wurzeln zurück-
kehrt.
https://www.heise.de/newsticker/meldung/
Ein-Standard-fuer-die-Alternative-Vim-8-0-
fuer-MorphOS-erschienen-3641626.html

03.03.2017
„Wir haben in der Kinderabteilung recher-
chiert" – Enthüllungen von Sid Meier über Ci-
vilization 1:
https://www.heise.de/newsticker/meldung/
Sid-Meier-zu-Civilization-1-Wir-haben-in-der-
Kinderabteilung-recherchiert-3643347.html

04.03.2017
Das Projekt, auf das wir alle (nicht) gewartet
haben: Windows 98 auf einer Armbanduhr.
https://314reactor.com/2017/03/01/
windows-98-wrist-watch/

09.03.2017
Die ultimative Liste der coolsten Frauencha-
raktere in Videospielen:

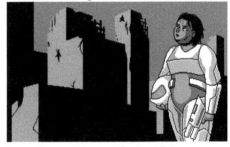

https://www.vice.com/alps/article/
die-ultimative-liste-der-coolsten-
frauencharaktere-in-videospielen

After Touch Soccer, ein autorisiertes Remake
von Kick Off:
https://kickoffworld.itch.io/aftertouch-soccer

14.03.2017
„Wenn du 8 von 8 Punkten in diesem MS-DOS-

Quiz schaffst, bist du echt ein krasser Nerd“:
https://www.buzzfeed.com/karstenschmehl/ms-dings

Mit Commodore VIC 20: A Visual History ist ein Buch über den VC-20 erschienen.
https://www.kickstarter.com/projects/958354463/commodore-vic-20-a-visual-history-hardback-book

---

15.03.2017
„Der Sargdeckel schließt sich“, meldete CNN: Vor 20 Jahren stand Apple finanziell am Abgrund.
https://www.heise.de/newsticker/meldung/Vor-20-Jahren-Apple-fast-pleite-3653863.html

Wie der 45 Jahre alte 8008-Prozessor funktioniert:

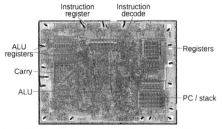

http://blog.koehntopp.info/index.php/1145-how-does-the-8008-processor-work/

Die Titelmusik von Secret of Monkey Island 2 mit einem elektromechanischen Lithophon gespielt:
https://www.youtube.com/watch?v=Qkhu5vvq_wQ

18.03.2017
Scene World hat auf YouTube Interviews mit Wolfgang Back und Christian Spanik veröffentlicht. Wolfgang Back ist vor allem vom „ComputerClub“ bekannt, Christian Spanik hat einst C64-Bücher und -Sonderhefte geschrieben und später die Computersendung „Neues“ auf 3sat betreut.
https://www.youtube.com/watch?v=R72qEUrcGXg
https://www.youtube.com/watch?v=TsegHLGJGJU

Eine kurze Geschichte der Floppy Disk:
https://insights.hpe.com/articles/the-history-of-the-floppy-disk-1703.html

Designunterlagen für den nie fertiggestellten Nachfolger von Fate of Atlantis, Indiana Jones and the Iron Phoenix:
http://www.wilmunder.com/Arics_World/Games_files/Iron%20Phoenix%20Design%20Doc.compressed.pdf
http://www.wilmunder.com/Arics_World/Games.html

21.03.2017
Vor 10 Jahren kam Apple TV auf den Markt:
https://www.heise.de/newsticker/meldung/Vor-10-Jahren-Apple-bringt-Apple-TV-auf-den-Markt-3660375.html

Ein Game-Boy-Emulator für die Apple Watch:

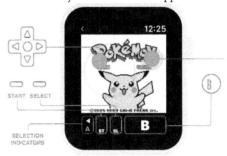

https://www.heise.de/mac-and-i/meldung/Game-Boy-Emulator-fuer-die-Apple-Watch-3660367.html

„Hacking Final Fantasy 1 on the NES":
http://www.walknsqualk.com/post/hacking-
final-fantasy-1-on-nes/

„Zelda: Breath of the Wild" sah zuerst aus wie
ein NES-Spiel:
http://derstandard.at/2000054495487/
Zelda-Breath-of-the-Wild-sah-aus-wie-NES-
Spiel

Raspberry Pi überholte bei den Verkaufszahlen
den C64.
http://derstandard.at/2000054413669/
Raspberry-Pi-Mehr-als-12-5-Millionen-
Modelle-verkauft

24.03.2017
Über die „geheime Farbpalette" des C64:
http://www.aaronbell.com/secret-colours-of-
the-commodore-64/

28.03.2017
50 Jahre Taschenrechner: Die Erfindung, die
niemand haben wollte.

http://derstandard.at/2000054854324/50-
Jahre-Taschenrechner-Die-Erfindung-die-
niemand-haben-wollte

„Starcraft": Anlässlich des Launchs des 4k-
Remakes gibt es das Orignal bei Blizzard kostenlos.
http://derstandard.at/2000054883032/
Starcraft-Kultspiel-bald-kostenlos-erhaeltlich

29.03.2017
Das Prügelspiel „Paprium" erscheint 29 Jahre
nach Markteinführung des Sega Mega Drive.

http://derstandard.at/2000055042124/
Paprium-Groesstes-Spiel-fuer-Sega-Mega-
Drive-erscheint-2017

Riding with the Amiga – Making of und kom-
plettes Album hier:
https://amigalove.com/viewtopic.
php?f=5&t=222

Antike Betriebssysteme: Der Quellcode von
Unix 8, 9 und 10 wurde veröffentlicht.
https://www.golem.de/news/antike-
betriebssysteme-quellcode-von-unix-8-9-und-
10-veroeffentlicht-1703-127009.html
https://www.heise.de/newsticker/meldung/
Eingesehen-Den-Quellcode-von-Unix-8-9-
und-10-erforschen-3670351.html

30.03.2017
Sharp 80 emuliert einen TRS-80-Model-III-
Emulator unter Windows.
http://www.sharp80.com/index.php

Eine Nacherzählung der Geschichte von Super
Mario World, die mit einem Spielzeugtelefon
kontrolliert wird, gibt es nun auf YouTube. Ursprünglich wurde das Video von Bandai 1992
für den japanischen Markt veröffentlicht.

https://minusworld.co.uk/2017/03/29/mario-terebikko/

31.03.2017
„The story of Commodore and the 8-bit generation" – Gespräch mit Jack Tramiels Sohn Leonard Tramiel:
http://www.vintageisthenewold.com/the-story-of-commodore-and-the-8-bit-generation-leonard-tramiel-tedxmidatlantic/

April 2017
01.04.2017
Symphonic Selections – Musik aus Final Fantasy und Turrican 2 in Leipzig und Dresden:
http://www.4players.de/4players.php/spielinfonews/Allgemein/22718/2166336/Soundtrack-Tipp-Musik_aus_Final_Fantasy_und_Turrican_2_in_Leipzig_und_Dresden.html

02.04.2017
Digital Talk Ausgabe #99
http://nemesiz4ever.de/digitaltalk/Digital_Talk_99

04.04.2017
Zahlen, bitte! BASIC-Codezeilen legten den Grundstein für Microsofts Erfolg.
https://www.heise.de/newsticker/meldung/Zahlen-bitte-BASIC-Codezeilen-fuer-den-Grundstein-des-Microsoft-Erfolgs-3674319.html

Walking Dead: Jede zweite Firma nutzt noch Windows XP.
http://derstandard.at/2000055364708/Walking-Dead-Jede-zweite-Firma-nutzt-noch-Windows-XP

06.04.2017
Vor 30 Jahren ging IBM geht in die PS/2- und OS/2-Offensive.

https://www.heise.de/newsticker/meldung/Vor-30-Jahren-IBM-geht-in-die-PS-2-und-OS-2-Offensive-3676824.html

Nach 29 Jahren bessert Nintendo einen Rechtschreibfehler in Zelda aus.
http://derstandard.at/2000055485645/Nach-29-Jahren-Nintendo-bessert-Rechtschreibfehler-in-Zelda-aus

Microsoft wirft Spiele-Emulatoren aus dem Windows-Store.
http://derstandard.at/2000055499044/Microsoft-wirft-Spiele-Emulatoren-aus-dem-Windows-Store

07.04.2017
Marius Winter, der offenbar hinter „Majus Fitzek" und dem großartigen Monkey Island Flashfilm (https://www.youtube.com/watch?v=kImTO_4Cx-Q) steckt, hat als Beitrag zum „Melone Game Jam" ein (Semi-)Spiel namens Melone in the Dark veröffentlich, eine gelungene Hommage an Alone in the Dark:
https://mariuswinter.itch.io/mitd

08.04.2017
The 7th Guest als Brettspiel:

https://www.kickstarter.com/projects/roblanderos/the-7th-guest-board-game

09.04.2017
C64-Spiel Gunfright veröffentlicht, mittler-

weile liegt es in Version 1.10 vor:
http://csdb.dk/release/?id=155861

VICScript, der C64-Port der VC-20-Software:
http://www.lemon64.com/forum/viewtopic.
php?t=63912

MiniXum 1541, eine Zoom-Floppy:
http://www.lemon64.com/forum/viewtopic.
php?t=63987

10.04.2017
Unter dem Titel Reformation 2 wurde via Kickstarter ein Musikprojekt mit 20 Remakes von SID-Tunes von Matt Gray finanziert. Ebenfalls erfolgreich war das Buchprojekt „The unofficial SNES/Super Famicom: a visual compendium".
https://www.kickstarter.com/
projects/1289191009/reformation-2-c64-
soundtrack-remakes-by-matt-gray/description
https://www.kickstarter.com/
projects/2146199819/the-unofficial-snes-
super-famicom-a-visual-compend

11.04.2017
Mit „The Lost Treasure of Cuauhtemoc" ist ein interessantes Spiel für den CPC erschienen.
http://www.indieretronews.com/2017/04/
the-lost-treasure-of-cuauhtemoc-eagerly.html

Ein 13-Jähriger gewinnt die Pinball-Weltmeisterschaft:
http://www.pcgames.de/Kurioses-
Thema-205466/News/flipper-pinball-
weltmeisterschaft-13-jaehriger-1225375/

Globus, ein ZX-Spectrum-Spiel, erscheint mit 30-jähriger Verspätung.
http://www.indieretronews.com/2017/04/
globus-unreleased-zx-spectrum-game-from.
html

Warum die über Kickstarter finanzierte (ver-

meintliche) Wunderkonsole Ouya schon wieder in Vergessenheit geraten ist:
http://retro.wtf/ouya-ohja/

Der Berliner Programmierer Jannis Hermanns baute Macintosh Classic mit Lego und Raspberry Pi nach:
http://derstandard.at/2000055601676/
Deutscher-baut-Macintosh-Classic-mit-Lego-
und-Raspberry-Pi-nach

„Enigma"-Code nach rund vier Stunden geknackt:
http://derstandard.at/2000055576596/
Enigma-Code-nach-rund-vier-Stunden-in-
England-geknackt

Comic Sans-Erfinder enthüllt: „Habe Schrift nur einmal selbst verwendet."
http://derstandard.at/2000055661428/
Comic-Sans-Erfinder-Habe-Schrift-nur-
einmal-selbst-verwendet

12.04.2017
Das klassische Tamagotchi kehrt zurück.
http://derstandard.at/2000055825340/
Piepende-Nervensaege-Das-klassische-
Tamagotchi-kehrt-zurueck

15.04.2017
Ostereier von Format:
http://www.instructables.com/id/Awesome-
Super-Mario-Bros-Eggs/

16.04.2017
C64-Spiel Space Trip 2086 veröffentlicht:
https://psytronik.itch.
io/space-trip-2086

ReGame 64 Volume #1, ein italienisches Retro-Magazin in englischer Sprache:
http://regame64.altervista.org/buy1.html

18.04.2017
LucasArts-Remake Full Throttle Remastered veröffentlicht:
https://www.gog.com/game/full_throttle_remastered
http://store.steampowered.com/app/228360/

Classic Mac OS kommt in den Browser, Internet Archive zeigt alte Macintosh-Programme:
https://www.heise.de/newsticker/meldung/Classic-Mac-OS-kommt-in-den-Browser-3686880.html
https://www.golem.de/news/zeitreise-apples-system-7-im-browser-testen-1704-127336.html

40 Jahre Apple II, der Computer für jedermann:

https://www.heise.de/newsticker/meldung/40-Jahre-Apple-II-Der-Computer-fuer-jedermann-3685934.html

Ende für die Nintendo Classic Mini:
https://www.heise.de/newsticker/meldung/Ende-fuer-die-Nintendo-Classic-Mini-3686206.html

Der schnellste Power Mac G3 Blue & White der Welt:
https://www.youtube.com/playlist?list=PLzM

zXb9q0EvoAGuMPTRlX5dXb4QhA0AiS

Peter Molyneux: „Kinect war ein Desaster."
http://derstandard.at/2000056102549/Spielentwickler-Molyneux-Kinect-war-ein-Desaster

Ein Quiz für LucasArts-Fans:
http://derstandard.at/2000055842995/Kennen-Sie-noch-Maniac-Mansion-Das-Quiz-fuer-LucasArts-Fans

19.04.2017
The Disney Afternoon Collection, eine Sammlung von sechs alten Spielen:
http://store.steampowered.com/app/525040

Giana Sisters mit Lego nachgebaut:

https://www.youtube.com/watch?v=1QlbihuK1wk

21.04.2017
Vor 20 Jahren ebnete WinAMP dem MP3-Format den Weg.
https://www.heise.de/newsticker/meldung/Vor-20-Jahren-WinAMP-ebnet-MP3-den-Weg-3689877.html

22.04.2017
Katakis +6DHFI: Hokuto Force hat eine fantastische Version des C64-Shooters Katakis veröffentlicht, in der einige im Original vorhandene Bugs beseitigt sowie zahlreiche Verbesserungen und neue Features eingebaut wurden.

http://www.indieretronews.com/2017/04/
katakis-6dhfi-wicked-shoot-em-up-bug.html

23.04.2017
Joy-Control 64, ein Bastelprojekt:
https://www.forum64.de/index.
php?thread/74299-joy-control-64-ein-bastelp
rojekt/&postID=1142156#post1142156

24.04.2017
„Mütter, die nach einem Notkaiserschnitt das
Computerspiel Tetris spielten, hatten eine Wo-
che danach weniger Albträume und Flashbacks
als die Vergleichsgruppe."
http://derstandard.at/2000056612970-271/
Tetris-mildert-Trauma-Symptome-bei-
Muettern-nach-Not-Kaiserschnitt

Fan entwickelt 2D-Version von „Zelda: Breath
of the Wild" auf dem PC.

http://derstandard.at/2000056572561/Fan-
bringt-2D-Version-von-Zelda-Breath-of-the-
Wild

Bizarrer Kurzfilm: Mit Knight-Rider- und Bay-
watch-Dialogen gefütterte AI schrieb den Text
für David Hasselhoff.
http://derstandard.at/2000056568900/
Bizarrer-Kurzfilm-AI-schrieb-gesamten-
Dialog-fuer-David-Hasselhoff

25.04.2017
Spectrum Next: Eine voll kompatible Neuauflage des ZX Spectrum ist finanziert.
https://www.golem.de/news/spectrum-next-
voll-kompatible-neuauflage-des-zx-spectrum-
ist-finanziert-1704-127479.html

Tomb Raider im Browser spielen:
http://xproger.info/projects/OpenLara/

So schön wie sinnfrei: Retro-Dock macht iPhone zu Mac.

http://derstandard.at/2000056408230/
Retro-Dock-macht-iPhone-zu-Mac-So-schoen-
wie-sinnfrei

Erste Eindrücke vom AmigaOne X5000:
http://www.amigapodcast.com/2017/04/
amigaone-x5000-first-impression.html

Linux-Maskottchen Tux gelangte mit 16335
Bytes zu Weltruhm:
https://www.heise.de/newsticker/meldung/
Zahlen-bitte-Linux-Maskottchen-Tux-Mit-
16335-Bytes-zum-Weltruhm-3691007.html

27.04.2017
„Die Amiga-Story" und andere Dokus auf ZDF-info und im Netz:
http://derstandard.at/2000056671215/Die-Amiga-Story-Games-Doku-auf-ZDFinfo-und-im-Netz

ARD-Computerspielshow Alpha 5 aus dem Jahr 1984:
https://www.youtube.com/watch?v=VVfM15VmJBQ

29.04.2017
Karl Klammer wurde auf dem Mac gestaltet.
https://www.heise.de/newsticker/meldung/Karl-Klammer-wurde-auf-dem-Mac-gestaltet-3699928.html

Mai 2017

02.05.2017
Diese Tech-Unternehmen gibt es seit über 100 Jahren – Greise der IT:
http://derstandard.at/2000054308955/Die-Greise-der-IT-Diese-Tech-Unternehmen-gibt-es-seit

Die Geschichte des Emulators NESticle, der die Geschichte des Retrogaming neu schrieb:
https://motherboard.vice.com/en_us/article/the-story-of-nesticle-the-ambitious-emulator-that-redefined-retro-gaming

320 Empfänger hatte die erste Spam-Mail:
https://www.heise.de/newsticker/meldung/Zahlen-bitte-320-Empfaenger-fuer-die-erste-Spam-Mail-3700785.html

05.05.2017
In Seattle zu sehen: Steve Jobs' Apple I und andere historische Computer.
https://techcrunch.com/2017/04/17/steve-jobs-custom-apple-i-and-other-historic-machines-are-on-display-at-seattle-museum/

„Donkey Kong" zieht in die Video Game Hall of Fame.
http://derstandard.at/2000057025369/Donkey-Kong-zieht-in-die-Video-Game-Hall-of-Fame

Bob Ross wird ein spielbarer Charakter im Onlinespiel Smite:

https://www.polygon.com/2017/5/4/15550150/bob-ross-smite-skin-sylvanus-hi-rez-studios-pc-ps4-xbox-one

07.05.2017
C64-Spiel: Modulot
http://csdb.dk/release/?id=155966

09.05.2017
Super Mario World mit 81.032 Dominosteinen:

https://www.youtube.com/watch?v=XWMd3tyAngk

Neuer Weltrekord in „Super Mario 64":
http://derstandard.at/2000057177190/

Sieben-Monate-Anlauf-Neuer-Weltrekord-in-Super-Mario-64-aufgestellt

18 Monate nach ihrer Entdeckung wurde die „Nintendo PlayStation" zum Laufen gebracht.
https://arstechnica.com/gaming/2017/05/success-the-nintendo-playstation-prototype-is-fully-functional/

11.05.2017
Vor 20 Jahren verlor der damalige Schachweltmeister Garri Kasparow die entscheidende Partie gegen den Schach-Computer „Deep Blue".
https://www.heise.de/newsticker/meldung/Vor-20-Jahren-Game-over-Herr-Kasparow-3710411.html

Windows 3.1 legte Pariser Flughafen lahm:
https://news.vice.com/article/windows-31-is-still-alive-and-it-just-killed-a-french-airport

---

12.05.2017
Vor 20 Jahren: Tamagotchis ebneten den Weg für virtuelle Haustiere.
https://www.heise.de/newsticker/meldung/Vor-20-Jahren-Tamagotchis-ebneten-den-Weg-fuer-virtuelle-Haustiere-3712170.html

Ein Amiga-Assembler-Crashkurs:
https://www.reaktor.com/blog/crash-course-to-amiga-assembly-programming/

14.05.2017
Neue C64-BBS RapidFire online:
https://www.forum64.de/index.php?thread/74673-neue-c64-bbs-rapidfire/&pageNo=1

Wärmebilder von C64-Mainboards
https://www.forum64.de/index.php?thread/74709-w%C3%A4rmebilder-von-c64-mainboards/

16.05.2017
Die letzten MP3-Patente sind abgelaufen, der Standard ist damit erstmals frei.
https://www.heise.de/newsticker/meldung/Fraunhofer-IIS-Lizenzprogramm-fuer-MP3-endet-3714367.html

---

17.05.2017
Die einflussreichsten Games aller Zeiten:
http://derstandard.at/2000057774043/Die-einflussreichsten-Games-aller-Zeiten

Version 5.0 des auf OS/2 basierenden ArcaOS erschienen:
https://www.arcanoae.com/arcaos-5-0-now-available/

20.05.2017
Die zweite Version des diskret aufgebauten 6502-Nachbaus blinkt mit noch mehr LEDs:
https://www.heise.de/newsticker/meldung/Mehr-LEDs-MOnSter-6502-blinkt-wieder-3715460.html

IK+ mit Photoshop „bearbeitet":
https://www.youtube.com/watch?v=THk2aGRDvUg

21.05.2017
Video: Remaking „The Final Cartridge 3"
http://greisisworkbench.blogspot.de/2017/05/hi-here-is-my-video-of-remaking-final.html

23.05.2017

Apple I zum „Schnäppchen"-Preis: Für nur 110.000 Euro wechselte ein Apple I bei einer Auktion in Deutschland den Besitzer.
https://www.heise.de/newsticker/meldung/Apple-I-zum-Schnaeppchen-Preis-3721730.html

Games-Quiz: Wie gut kennen Sie „The Legend of Zelda"?
http://derstandard.at/2000057682132/Games-Quiz-Wie-gut-kennen-Sie-The-Legend-of-Zelda

24.05.2017

H.E.R.O. II für den C64 ist in Arbeit, hier ein Vorgeschmack:
http://csdb.dk/release/?id=156394

Vom Data Discman zum multimedialen Digitalbuch – eine Geschichte des E-Books:
https://www.buchreport.de/2017/05/24/vom-data-discman-zum-multimedialen-digitalbuch-eine-kurze-geschichte-des-e-books/

26.05.2017

Über Spielkonsolen, die gerne Computer sein wollten:
https://motherboard.vice.com/en_us/article/when-video-game-consoles-wanted-and-failed-to-be-computers

Wolf3D für C64 mit die SuperCPU:
http://csdb.dk/release/?id=156424

28.05.2017

1541-Ersatz C64SDv4:
http://www.manosoft.it/?page_id=78

The Transactor Online-Archiv (die „amerikanische 64'er"):
http://csbruce.com/cbm/transactor/

Back packt ein: Akustikkoppler für C64
https://www.youtube.com/watch?v=GnQCY4nq0Rs

28.05.2017

Westworld, der erste Film mit CGI und der dazugehörige Quellcode:
https://www.youtube.com/watch?v=UzvbAm0y8YQ

30.05.2017

Wie das Steinzeit-Format GIF das Internet verändert hat:
http://derstandard.at/2000058382486/30-Jahre-Gif-Wie-ein-Steinzeit-Format-das-Internet-veraendert

Die älteste bekannte Version von PC DOS 1.0 wurde gefunden:
http://www.os2museum.com/wp/pc-dos-1-0-but-not-quite/

Das bahnbrechende Colossal Cave Adventure nach 41 Jahren:
https://www.cnet.com/news/a-groundbreaking-computer-game-returns-41-years-later/

Museum braucht Hilfe

Yves Bolognini ist der Gründer des Bolo-Museums in Lausanne. Zweck der Institution ist die Konservierung und Präsentation historischer Computer mit einem besonderen Schwerpunkt auf weniger bekannte Schweizer, die wichtige Beiträge geleistet haben.

Weitere Informationen gibt es unter folgenden Internetadressen:
http://scene.world/bolomuseum
http://go.bolo.ch/en

Thing on a Spring

Herausragend ist die Musik der C64-Version. Sie stammt aus der Feder von Rob Hubbard und hat bei vielen, die Mitte der 80er einen C64 besaßen, zum ersten Mal einen musikalischen Aha-Effekt ausgelöst. Rob Hubbard wurde zum ersten Popstar unter den C64-Codern, seine Musik machte auch mittelmäßige Spiele populär.

Das Ding auf einer Feder erblickte 1985 das Licht der Welt. Ein böser Kobold hat der Welt mit Hilfe dunkler Magie überraschend ihre Schätze gestohlen und in seiner riesigen unterirdischen Fabrik gelagert. Nur einer kann helfen – und das ist natürlich unser Held Thing on a Spring. In der Fabrik müssen neun Puzzleteile eingesammelt und der Kobold besiegt werden. Dann wird alles gut. Das Spiel, so beklagten viele, sei unfair und ohne POKEs nicht zu schaffen. Dafür ist unser Federding aber wirklich nicht verantwortlich!

Aufgabe: Rettung der Welt
Auftritte: Thing on a Spring (1985), Thing Bounces Back (1987)
Genre: Platformer
Plattformen: C64/128, Schneider CPC, Spectrum, MSX

Eine gewisse Ähnlichkeit mit Rockford aus Boulder Dash kann man TOAS nicht absprechen, aber Rockford hat keine Feder zwischen Kopf und Füßen und kann deshalb auch nicht so gut springen. Die Feder muss aber immer gut geölt bleiben, sonst gibt es keine Rettung. TOAS kann sich anspannen und dann beim Loslassen sehr hoch springen, was wirklich gut aussieht. Auch die Salto-Animation ist nett anzusehen. Das Ding sieht in Teil 1 erstaunlicherweise besser aus als in Teil 2.

1987 kehrte unser Held in der Fortsetzung Thing Bounces Back zurück. Der Kobold hat nun eine Spielzeugfabrik zum Zweck der neuerlichen Übernahme der Weltherrschaft errichtet. Er kann nur gestoppt werden, wenn Thing on a Spring alle Teile eines Computerprogramms findet, die am ca. 130 Screens großen Gelände verstreut liegen. An Teil 2 scheiden sich die Geister: Manche finden es schöner, fairer und unterhaltsamer als das Original, andere finden es hässlich und uninspiriert. Einigen wir uns darauf, dass die Musik von Ben Daglish nicht die Ohrwurmqualität von Rob Hubbards Komposition erreicht.

Autor: Georg Fuchs

Internet: http://www.lotek64.com
Twitter: http://twitter.com/Lotek64
Facebook: http://www.facebook.com/pages/Lotek64/164684576877985

NEVER SEND A HUMAN TO DO A MACHINE'S JOB

#56 / DEZEMBER 2017

#56, Dezember 2017   www.lotek64.com   info@lotek64.com   ISSN 2307-7085

DIE REDAKTION

LARS
lars@
lotek64.com

GEORG
redaktion@
lotek64.com

CRUDLA
redaktion@
lotek64.com

ARNDT
adettke@
lotek64.com

MARLEEN
marleen@
lotek64.com

MARTIN
martinland@
lotek64.com

STEFFEN
steffen@
lotek64.com

JENS
jens@
lotek64.com

RAINER
rainer@
lotek64.com

IMPRESSUM

Herausgeber, Medieninhaber:
Georg Fuchs
Waltendorfer Hauptstr. 98
A-8042 Graz/Austria
ISBN: 9783746060446
E-Mail: info@lotek64.com
Internet: http://www.lotek64.com
Twitter: http://twitter.com/Lotek64
Facebook: http://www.facebook.com/
pages/Lotek64/164684576877985

Versionscheck (Stand: 13.12.2017)			
Name	Version	Emuliert	Webseite
WinUAE	3.5.0	Amiga	http://www.winuae.net
VICE	3.1	C64, C128, Plus/4, PET, C64DTV	http://vice-emu.sourceforge.net
CCS64	V3.9.2	C64	http://www.ccs64.com
Hoxs64	v1.0.9.5	C64	http://www.hoxs64.net
Emu64	4.30	C64	http://www.emu64.de
Frodo	4.1b	C64	http://frodo.cebix.net
MAME/MESS	0.192	Automaten und Heimcomputer	http://mamedev.org
Z64K	Beta 20171204	C64, C128, VIC20, Atari2600	http://www.z64k.com
Yape	1.1.5	Plus/4	http://yape.homeserver.hu
ScummVM	1.9.0	Div. Adventures	http://www.scummvm.org
DOSBox	0.74	MS-DOS	http://www.dosbox.com
Boxer	1.4.0	MS-DOS (unter Mac OS X)	http://boxerapp.com

LIEBE LOTEKS!

Seit 15 Jahren gibt es Lotek64. In dieser Zeit gab es viele Veränderungen. Angefangen hat alles als Schwarzweiß-Heft mit sehr grob gedruckten Bildern, schließlich sollte es ein Hobbyprojekt sein und kein teures Hochglanz-Unterfangen. Erst nach einigen Jahren bekam Lotek64 farbige Umschläge, und auch das nur, weil Thomas Dorn, bis heute unser Hauptsponsor, sie kostenlos zur Verfügung stellte. Dann wurde das Heft immer dicker und wir stellten auf durchgehenden Farbdruck um. Aufwand und Kosten wuchsen, bis wir die Notbremse ziehen und die Papier-Ausgabe einstellen mussten.

Das war für uns kein einfacher Schritt, da die meisten von uns lieber auf Papier lesen als am Bildschirm. Wir haben lange nach einer guten Lösung gesucht und sind nach einem Probedruck zu einem hoffentlich zufriedenstellenden Ergebnis gekommen: Wir packen beide jährlich erscheinenden Ausgaben von Lotek64 in ein Taschenbuch, das über den Buchhandel bzw. den Online-Handel bestellt werden kann. Auf Seite 71 erklärt Tim Schürmann, wie das funktioniert.

Viel Spaß damit, schöne Weihnachtsfeiertage, ein gutes Jahr 2018!

Georg Fuchs
für die Redaktion

INHALT

Der erste Amiga-Tower

Amiga 3500

Der Amiga 3500 war der Prototyp des Systems, das später als Amiga-3000-Tower auf den Markt gebracht wurde. Über den A3500 ist nicht viel bekannt – er basiert auf dem A3000-Desktop und besitzt somit keine speziellen Chips. Nur das Layout der Platine lag noch in Revision 2 vor, während sie für die finale Produktion nochmals überarbeitet wurde (Revision 6.2). Damals kamen die 3500er vor allem bei Commodore selbst zum Einsatz – heute sind komplette A3500 eine Seltenheit und ein Schmuckstück jeder Amiga-Sammlung. Im Gegensatz zum finalen A3000T besaß der A3500 noch eine PC-60-III-Front, einem ebenfalls heute seltenen Tower der PC-Linie von Commodore.

von Stefan Egger

Wie es fast schon üblich ist bei solchen Prototypgeräten, kamen sie irgendwann in Sammlerhand und fristeten dann jahrelang in Kellern, Lagern oder auf Dachböden ihr Dasein. Mein Exemplar stammt aus einer großen und weitgehend unbekannten Privatsammlung aus Frankreich in der Nähe von Paris, welche zu meinem Glück (zum Teil) aufgelöst wurde. Der Vorbesitzer meinte es zwar gut, doch insgesamt kann man den Zustand der Maschinen seiner Sammlung nicht wirklich als gut bezeichnen.

Die originale A3500-Platine in Revision 2 meines Geräts war vollständig und funktionierte, zeigte jedoch ab und zu Fehler (plötzliche Guru-Meditation-Meldungen oder Grafikfehler). Der Akku war zwar entfernt worden, doch da war er bereits ausgelaufen und man hatte nichts gegen die unweigerlichen Beschädigungen unternommen. Das Gehäuse war vervollständigt (A3000T-Gehäuse und PC-60-III-Front) – seltene Teile wie die Front hatte man dafür also gezielt aufgetrieben. Beim Logo war jedoch gespart worden: Es war etwas zu klein aus einem schlechten Scan mit einem Tintenstrahldrucker ausgedruckt worden, war mit ein bisschen glänzender Folie überzogen und letztendlich ziemlich lieblos angebracht. Ein Diskettenlaufwerk war nach Fotos zu urteilen früher zwar eingebaut gewesen, jedoch das falsche Modell. Zwischenzeitlich hatte man es wieder ausgebaut, wodurch eine hässliche Lücke in der Front entstand. Das spezielle und schwer beschaffbare Netzteil musste sinnlos sterben, weil die bei uns in Europa üblichen 230/240 Volt an das für Amerika vorgesehene 110-Volt-Netzteil angelegt wurden. Insgesamt lag hier also ein beklagenswertes kleines Wrack vor, das schon einiges an Arbeit erforderte – was aber auf jeden Fall zu schaffen sein sollte.

Restauration: Akkubereich
Im Bereich des ausgelaufenen Akkus waren mehrere Lötpunkte für (optionale) ROM-Sockel bläulich verfärbt. Ich entfernte das alte Lötzinn und reinigte die Platine gründlich. Anschließend schloss ich die Kontaktpunkte

wieder mit frischem Lötzinn und passte alles optisch an das ursprüngliche Aussehen an. Ein paar Leiterbahnen wurden kontrolliert bzw. freigelegt, da auch diese Stellen von der im Akku enthaltenen Elektrolytflüssigkeit angegriffen waren (wodurch ansonsten weiterer Schaden angerichtet worden wäre). Das A3500-Board hat insgesamt vier Lagen an Leiterbahnen, wobei nur die zwei äußeren (an der Ober- und Unterseite der Platine) sichtbar sind. Einige VIAs (Kontaktierungen zwischen den einzelnen Lagen) reinigte und kontrollierte ich ebenso, da auch sie schon angegriffen aussahen.

Oberhalb des Akkus befindet sich auf der Platine ein kleiner, 16-poliger Chip (75LS174). Er gehört, wie unter anderem auch der Akku selbst und der daneben liegende RICOH-Uhrenchip, zur Schaltung der Echtzeituhr. Während der Uhrenchip gesockelt ist und nicht betroffen war, machte der LS174 einen stark vom Akku angegriffenen Eindruck und musste entfernt werden. Da dieser Chip ein Standard-

bauteil und noch immer im Handel erhältlich ist, konnte ich ihn nach einer Reinigung und Prüfung der Platine einfach und günstig ersetzen.

Auch die etwas unterhalb des Akkus liegende FPU (Floating Point Unit) war ein wenig angegriffen. Da sie in SMD-Bauweise direkt auf die Platine gelötet war und sehr viele Pins besitzt, ist ein Entfernen nur mit speziellen Werkzeugen und viel Erfahrung möglich, welche ich jedoch nicht besitze. Da dieser Bereich nicht sehr stark betroffen war, führte ich „nur" eine gründliche Reinigung aller Pins und VIAs durch. Die restlichen betroffenen Bauteile waren zwei Elkos, welche ich ebenfalls komplett ersetzte. Umliegende Widerstände und Dioden reinigte ich sorgfältig.

Wieder komplett

Mit einem 3D-Drucker druckte ich die Schienen für das Diskettenlaufwerk. Das passende Laufwerk vom Typ Chinon FB-354 spendete ein A2000. Da der zweite 3,5"-Schacht eine Blende besitzt, verzichtete ich auf ein weiteres Laufwerk, da die Blende sehr selten ist und nicht verloren gehen sollte. Hier wird später eine 3,5"-SCSI-Festplatte sitzen. Die etwas vergilbte Blende bleichte ich, um sie an die anderen anzupassen.

Von den 5,25"-Blenden waren alle vorhanden. „Alle" bedeutet in diesem Fall: Blenden für drei von vier möglichen Schächten. Im obersten Schacht gab es nie eine Blende, da hier beim PC-60-III immer ein 5,25"-Diskettenlaufwerk steckte. Eine Verschraubung für

eine Blende, wie sie alle anderen Schächte aufweisen, war daher nicht vorgesehen. Es ist also gar nicht möglich, eine Blende anzubringen, selbst wenn man eine hätte. Beim A3500 wurden meist Tape-Streamer verbaut. Da diese jedoch nicht mehr so einfach zu bekommen sind und heute so ein Laufwerk kaum noch nützlich wäre, installierte ich hier stattdessen ein SCSI-CD-ROM.

Alle Laufwerke werden mittels einer Art Klammer mit den speziellen Führungsschienen fixiert. Die Klammer für 3,5"-Laufwerke fehlte jedoch, sodass die Gefahr bestand, dass die Laufwerke beim Drücken des Auswurfknopfes nach hinten rutschten. Daher fertigte ich eine neue Metallklammer an. Hierzu sägte und bog ich ein Gehäuse einer (defekten) PC-Floppy zurecht.

Jumper

Bei Prototypen fehlen oft die an der Platine aufgedruckten Bezeichnungen und natürlich eine Dokumentation sowie Erfahrungen anderer Besitzer, die Anschlüsse für Lüfter, LEDs und die Jumper sind nur schwer auszumachen. Zum Glück konnte ich die meisten Jumper durch einen Vergleich mit der A3000T-Platine identifizieren. Alle schienen beim A3500 korrekt gesetzt, bis auf zwei. Ich jumperte die Videonorm von NTSC auf das hierzulande übliche PAL um und deaktivierte das zweite Diskettenlaufwerk. Den mit zwölf Volt betrie-

benen Lüfter konnte ich ebenfalls anschließen. Zuvor hingen LEDs an diesem Anschluss, die jedoch gefährlich heiß wurden. Den Anschluss für den Schlüsselschalter zum Deaktivieren von Tastatur und Maus konnte ich nicht finden, er ist aber auch nicht unbedingt notwendig. Die LEDs für die Festplatte kann man direkt an der HDD einstecken. Einzig der Lautsprecher musste noch (nach einem Vergleich mit dem A3000T) angeschlossen werden.

Finish

Nach einer gründlichen Reinigung sowie einem sorgfältigen Entfernen von Rostflecken am Metallgehäuse ersetzte ich auch den Filter für den Lüfter an der Front. Den Lautsprecher, der sich schon etwas auflöste, tauschte ich ebenso. Auch fehlende Schrauben ersetzte ich durch neue. Es fehlt noch ein professionell gedrucktes Logo, und das Netzteil muss ausgetauscht oder repariert werden – zum Testen kam bisher ein Netzteil aus einem A3000T zum Einsatz. Bislang kämpfe ich noch mit der Installation der SCSI-Geräte, da gibt es noch einige Probleme.

Ansonsten habe ich einiges getan, damit das System auch in Zukunft noch zufriedenstellend funktioniert, und später, nach Abschluss aller Arbeiten, wieder genutzt und vorgezeigt werden kann – ein Stück Amiga-Geschichte, wieder zu neuem Leben erweckt. ∎

Retro-Gaming akademisch

Retrogaming" und damit verwandte Themen sind immer häufiger Gegenstand akademischer Debatten und Arbeiten. Die vor Kurzem erschienene Abschlussarbeit des deutschen Informatikers Fabian Graf beschäftigt sich mit dem Markt für Retrospiele sowie mit der Frage, in welchem Sinn der Terminus „retro" eigentlich in diesem Kontext gebraucht wird. Methodisch bedient sich die Arbeit der Expertise von acht Protagonisten des Markts, gewonnen in qualitativen Interviews, unter anderem mit dem Herausgeber Frank Erstling, dem Buchautoren Winnie Forster und dem Lotek64-Autoren Simon Quernhorst.

Die in englischer Sprache verfasste Arbeit wurde 2017 an der Hochschule Furtwangen als Abschlussarbeit des Studienganges International Business Management verfasst. Autor Fabian Graf, geboren 1979, studierte zuvor Informatik an der Universität Koblenz-Landau und war Geschäftsführer der Firma GRAF-SYTECO. In seiner Masterarbeit verknüpft er seine Erfahrungen als Informatiker und Geschäftsführer mit seiner Leidenschaft für alte Video- und Computerspiele.

Fabian Graf: „Während der letzten Jahre gab es ein stetig wachsendes Interesse an sogenannten Retrospielen. Mit dieser Arbeit wird der Begriff „retro" im Kontext der Computer- und Videospiele beleuchtet, da er hier bisher keiner klaren Definition unterlag. Dieser Mangel führte dazu, dass seine Bedeutung je nach Alter und Vorgeschichte des jeweiligen Nutzers variierte. Im Zuge der Definitionsfindung werden dann potentielle Trends, Märkte und Zielgruppen betrachtet."

Die Arbeit fußt auf acht qualitativen Experten-Interviews. Diese decken die verschiedenen Aspekte zum Thema Retrospiele ab und geben einen tiefen Einblick ins Thema und in den aktuellen Retro-Trend. Die Gesprächspartner

Retro-Gaming

Expert Views on Terminology, Trends, and Market

Master Thesis
by
Fabian Graf

sind (in alphabetischer Reihenfolge): Frank Erstling (Herausgeber des Magazins Return), Winnie Forster (Deutscher Autor der gameplan-Bücher), Dr. Stefan Höltgen (Computer-Archäologe und Autor diverser Artikel und Bücher zum Thema „Retro-Computing"), Prof. Dr. Stephan Humer (Herausgeber des Magazins RETRO), Chester Kollschen (Entwickler von neuen Spielen auf alter Hardware, z.B. „Sam's Journey" für den C64), Taron Millet (Spiele-Entwickler, neuestes Spiel „Völgarr the Viking"), Simon Quernhorst (Programmierer, Spieler und Sammler von Computer- und Videospielen), Kreso Valter (Ladenbesitzer für neue und gebrauchte Spiele, Betreiber von www.flohhaus.de) ■

Die Arbeit (in englischer Sprache) als kostenloser Download (PDF): *http://www.super-retro.de*

C64-Spiel generalüberholt

Vortex Crystals

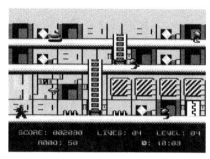

Das C64-Spiel Vortex Crystals wurde 2015 im Rahmen einer 16kB-Compo veröffentlicht und nun umfangreich verbessert und erweitert. Die „Full Edition 2017" beseitigt nicht nur Bugs, unter der die Urfassung litt, sondern glänzt mit neuen Features und einem umfangreichen Soundtrack.

von Georg Fuchs

In ferner Zukunft entdecken Forscher eine neue Form von Energie, die in Kristallen gespeichert ist. Ohne sie ist die Erde einer Invasion Außerirdischer schutzlos ausgeliefert. Also wird eine ausreichende Menge dieser Kristalle in einem 16 Geschosse umfassenden Turm in Sicherheit gebracht. Die Aliens dringen jedoch in das Gebäude ein und versuchen, sich der Kristalle zu bemächtigen. So weit, so literaturnobelpreisverdächtig.

Nun kommen wir ins Spiel und müssen einen Superhelden, nur mit Schutzanzug und Laserwaffe ausgestattet, durch statische Bildschirme steuern, Außerirdische besiegen und die in den Räumen verstreuten Kristalle (durch Berührung) einsammeln. Dabei folgt Vortex Crystal dem üblichen Platformer-Muster: Der Sprite-Held kann springen, Leitern und Förderbänder benutzen. Nebenbei müssen Hindernisse übersprungen und Gegner besiegt werden. Letzteres ist nicht immer einfach, da ein Treffer selten ausreicht. Stürze auch aus großer Höhe bleiben folgenlos, jedoch kostet der Kontakt mit einem Alien oder einem bestimmten Hindernis ein Leben.

Um die Aufgabe spannender zu gestalten, gibt es in jedem Level ein Zeitlimit. Wenn ein Bildschirm erfolgreich absolviert ist, kassiert man Bonuspunkte für die verbleibende Munition – diese ist nämlich limitiert, wodurch man sich nicht einfach wild um sich schießend durch die Bildschirme kämpfen kann.

Der erste Raum ist wirklich einfach. Ein paar Aliens, die sich auf durchschaubare Art bewegen, sind schnell erledigt. Die Gegner regenerieren sich zwar nach einigen Augenblicken, doch bleibt genug Zeit, um die Kristalle einzusammeln. Ist das erledigt, erscheint eine elektronische Karte, mittels derer der Eingang zum nächsten Raum geöffnet wird. Der Schwierigkeitsgrad steigt mit jedem Level sanft an, was eine gute Motivation darstellt, immer mehr Räume zu erobern und sämtliche Kristalle wiederzuerlangen.

Vortex Crystals wurde erstmals 2015 im Rahmen einer 16kB-Compo veröffentlicht und nun umfangreich verbessert und erweitert, unter anderem mit einer speicherbaren Highscore-Liste. Die Grafik von Als Yngvie ist einfach, aber zweckmäßig. Sinnlichen Genuss bietet der abwechslungsreiche Soundtrack, der, wie das Spiel selbst, von Richard Bayliss stammt. Auch Joachim Wijnhoven (Yogibear) hat zur „Full Edition 2017" Musik beigetragen. Das Spiel ist auf jeden Fall einen Blick wert! ∎
http://tnd64.unikat.sk/games/Vortex_Crystals_2017.zip

Game City 2017

Gaming findet „Stadt"

Die elfte „Game City" fand von 13. bis 15. Oktober statt – und brach erstmals keine Besucherrekorde. Nach offiziellen Angaben kamen „nur" 77.000 Besucher, 3.000 weniger als im Jahr zuvor. Neben den Flächen im Wiener Rathaus wurden auch große Teile des Rathausplatzes genutzt. Dort fand man unter anderem einen PlayStation-Truck und – erstmals – einen Marktplatz, wo Händler ihre Sachen anbieten konnten.

von Stefan Egger

Branchengrößen wie Activision Blizzard, Konami (Pro Evolution Soccer 2018), Ubisoft (Assassin's Creed: Origins und Far Cry 5) und die Konsolenhersteller Nintendo, Sony und Microsoft waren vertreten. Nachdem Micro-soft letztes Jahr fehlte, waren sie dieses Mal wieder dabei und präsentierten die kommende Xbox One X – und damit nichts Geringeres als die nach eigenen Angaben „leistungsstärkste Konsole aller Zeiten". Highlights unter den

Xbox-Spielen waren Cuphead und das neue Forza 7 mit tollen Wettereffekten. Nintendo präsentierte das von Fans heiß erwartete „Super Mario Odyssey". Leider an nur wenigen Stationen zu spielen und daher mit langer Wartezeit verbunden. Ebenfalls zu sehen war der neue SNES Mini, der jedoch nur hinter Glas präsentiert wurde und nicht angespielt werden konnte – etwas unverständlich, weil es sich um das finale Produkt handelte. Im letzten Jahr wurde der NES Mini gezeigt, dabei hatte es sich jedoch noch um einen Prototypen gehandelt, der mit dem Hinweis, leichter als das finale Produkt zu sein, markiert war.

Sony nahm wieder die größte Fläche ein und präsentierte den Racing-Titel „Gran Turismo Sport". Auch mit im Gepäck: VR-Stationen und „Detroit: Become Human". Die leistungsstärkere Playstation 4 Pro wurde in einigen Stationen genutzt, um die Spiele mit darauf verbesserter bzw. optimierter Grafik zu zeigen.

Retro Area

Auch gab es wieder vier Heimcomputer-Stationen von computer collection vienna. Erstmals ausgestellt war der Philips VG8000, ein MSX-Computer, der öfters für sein modernes Design gelobt wurde. Als Spiel kam „Road Fighter" von Konami zum Einsatz, welches sich als Glücksgriff entpuppte. Einige kannten das Spielprinzip von damals oder auch von neueren Smartphone-Spielen. Das Rennspiel erwies sich dann doch nicht als so einfach, wie es der erste Blick vermuten ließ – die Motivation, die Levels zu schaffen, war geweckt. Die meisten scheiterten schon in Level 1, manche kamen bis in Level 2 oder 3. Ein besonders geschickter Besucher schaffte es sogar bis in das letzte Level, konnte dieses aber nicht beenden.

Wie immer ein Muss: Ein Commodore 64, diesmal in der „Aldi"-Version mit weißer Tastatur. Ursprünglich angedacht war das Spiel „International Karate Plus" mit zwei Joysticks.

Da die Steuerung aber doch nicht ganz so einfach war und auch der Start für zwei Spieler mit dem „richtigen" Joystick erfolgen musste, versuchte ich später andere Spiele. Als sehr gut für solche Events geeignet stellte sich „Balloonacy 2" von Richard Bayliss heraus. Das 2005 erschienene Spiel hat guten Sound und ist einfach auf Knopfdruck zu starten. Fast niemand konnte das erste Level lösen aber das „frustrierende Spiel wecke die Motivation, es zu schaffen", so ein Besucher. Und auch die Tatsache, dass der Ballon, den man in einem Labyrinth bewegen muss, immer leicht steigt, brachte viele zur Verzweiflung. Da wurde schon mal am Monitor gerüttelt und der Kopf gegen den Tisch geschlagen. Lobende Worte fielen trotzdem öfters. Für Kinder war das Spiel aufgrund der Schwierigkeit kaum geeignet – sie hatten aber Spaß daran, die tanzenden Ballons am nächsten Hindernis platzen zu lassen und waren teils kaum vom C64 wegzubekommen.

Weitere gezeigte Spiele waren u.a. Canabalt und – natürlich – der „Game-City-Klassiker" schlechthin: Micro Hexagon. Nach vier Jahren wurde noch immer nach diesem Spiel nachgefragt und natürlich musste ich es dann auch starten. Eine junge Spielerin kam sogar verzweifelt an, denn sie hatte das immer noch oft gelobte Musikstück des Spiels „ein ganzes Jahr

lang ohne Erfolg" gesucht. Nun hat sie den Namen des Spiels endlich herausgefunden und dem Download steht nichts mehr im Wege.

Auf besonderen Wunsch zeigte ich auch andere Spiele – jemand erinnerte sich noch an die Spiele Aztec Challenge und Uridium. Wieder andere hatten Fragen, da sie noch einen C64 besitzen und diesen wieder reaktivieren möchten.

Als dritte Station kam der Amiga 1200 zum Einsatz – hauptsächlich wegen der Tatsache, dass die Disketten oft lange Ladezeiten aufweisen und man am technisch besseren A1200 die Möglichkeit hat, WHDLoad zu nutzen. Leider war das nicht ganz so einfach, wie ich mir das vorgestellt hatte, denn das angedachte Spiel „Super Frog" erfüllte zwar alle Kriterien

(kinderfreundlich, einfach zu starten, keine Optionen, die man verstellen kann), lief aber einfach nicht. Auf mehreren A1200, Installationen, Turbokarten und WHDLoad-Versionen konnte ich es nicht ausführen: Das Bild wird schwarz und der Monitor meldet „kein Signal". Wie eine Software den Amiga-Videoport lahmlegt, ist mir nicht nachvollziehbar. Obwohl es im Emulator und am A4000/040 funktioniert, verweigert es – zumindest mir – den Dienst am A1200. Letztendlich war es nicht möglich, das Spiel zu zeigen. Stattdessen versuchte ich Alfred Chicken und Soccer Kid. Letzteres kam zwar gut an, bedarf aber einer Einführung in die Steuerung, was bei der Menge an Besuchern aber nicht möglich ist und daher meine Kriterien für ein derartiges Event nicht erfüllen konnte. Letztendlich griff ich auf den bewährten Klassiker „Lotus 2" zurück, doch auch hier verstellten die Besucher das Menü immer wieder (manuelle Schaltung, Link zu zweitem Amiga, usw.) Insgesamt aber kam es sehr gut an.

Als letzte Station präsentierte ich einen Atari 1040 ST mit dem Spiel Pang. Auch dieses Spiel kam sehr gut an und die kristallklare Darstellung des angeschlossenen 1081-Monitors brachte die Farben im Spiel zum Leuchten. Dagegen war der danebenstehende 1084 am Amiga matter und dumpfer, die Farben weniger lebendig. Obwohl eine Diskette im Einsatz war, wurde sie weder defekt noch geklaut – der einzige Nachteil waren die Ladezeiten, welche bei schwarzem Bildschirm den Leuten immer mal wieder zu lange vorkamen oder sie zum Herumdrücken an der Tastatur verleitete.

Bis auf Kleinigkeiten – ein paar Mal mussten die Systeme resetet werden, wovon eigentlich alle mindestens einmal betroffen waren – lief alles sehr gut. Durch die Auswahl der Spiele und vor allem die einfache Bedienung hielten sich Probleme und Fragen in Grenzen. Positiv überrascht haben mich die Spiele Road Fighter und Balloonacy 2. Ich hätte nicht gedacht, dass diese so gut ankommen. Es ist immer wieder interessant, wie die Leute auf bestimmte Spiele reagieren.

Abgerundet wurde die Retro-Area mit Stationen von Subotron: Pong, Atari 2600 (Pacman), NES (Super Mario Bros), Sony PS1 (WipeOut) sowie Sega Dreamcast (Crazy Taxi). Außerdem gab es ein getarntes Sega Mega Drive: Einen seltenen Arcade-Automaten namens „Sega Mega Tech", der auf der Technik des Mega Drive basiert und intern mit acht beliebigen Modulen ausgestattet werden kann. Die Auswahl erfolgt über den „Game Select"-Knopf und einem zweiten Monitor. Die zur Verfügung stehenden Spiele waren Tetris, Space Harrier 2, The Revenge of Shinobi, Michael Jackson's Moonwalker, Ghouls'n'Ghosts, Alien Syndrome, Last Battle und World Champion Soccer.

Enttäuschung und Wiedergutmachung

Seit zwei Jahren kenne ich junge Besucher, die enttäuscht von der diesjährigen Retro-Ecke waren – jedoch wie erwartet. Grund dafür war, dass ihr Lieblingsrechner, der Sinclair Spectrum, dieses Jahr nicht ausgestellt wurde. Da sie an allen drei Tagen kamen, versprach ich am Freitag, die letzten zwei Tage einen Spectrum mit ihrem Lieblingsspiel „pheenix" mitzubringen. Ab und zu tauschte ich für sie den MSX gegen den Sinclair aus. Wenn sich jemand so sehr für das Thema interessiert, kann man schon mal eine Ausnahme machen. Es war schön, sie wieder zu sehen und ihren Wunsch zu erfüllen, auch wenn das scheinbar doch nicht so schlechte MSX-Spiel dann auch sehr gut bei ihnen ankam. Lieblingsspiel ist und bleibt aber pheenix am Spectrum.

Fazit

Generell kam es mir vor, als ob VR nicht das große Thema und weniger stark vertreten war. Und nicht nur in den Zahlen, sondern auch gefühlt gab es etwas weniger Besucher – was jedoch nicht negativ gewertet werden soll, da das Areal platztechnisch sowieso nur begrenzte Kapazität bietet.

In der Retro-Area wurde über die damals sündhaft teure – und heute wohl schon längst vom ausgelaufenen Akku zerfressene – Speichererweiterung für den A500 diskutiert. Wie immer waren alle Retro-Stationen durchgehend belegt, eine längere Wartezeit gab es trotzdem nicht. Technisch ging diesmal (fast) alles glatt: Ein Controller vom Pong-System hatte einen Kabelbruch, konnte aber schnell mit einem Klebestreifen „professionell" instand gesetzt werden. Ansonsten gab es keine Defekte an der Hardware, was bei 27 Stunden Dauerbetrieb in drei Tagen erfreulich ist.

Die nächste Game City findet am 19. bis 21. Oktober 2018 statt. ∎

Videos
Game City (offiziell): https://www.youtube.com/watch?v=KEK4rP_2uQQ   **Game City (CCV):** https://www.youtube.com/watch?v=xea1MouU72I   **Retro (CCV):** https://www.youtube.com/watch?v=b__vKx_CLvQ

Infos
http://www.subotron.com   http://scacom.bplaced.net/Collection/   http://www.game-city.at/

Austrian Game History

Erstmals fand die Messe „Play Austria" statt, die sich als „die erste Messe der österreichischen Game-Szene" versteht. Eine interessante Idee: nur einheimische Unternehmen, Entwickler und Ausbildungsstätten bekamen die Chance, sich dem Publikum vorzustellen.

von Stefan Egger

An zwei Tagen (15. und 16. September) wurden die Hallen des Wiener Semperdepots (heute Atelierhaus der Akademie der bildenden Künste Wien) geöffnet. Das beeindruckende Gebäude, fertiggestellt 1877, diente lange Zeit als Depot für Theaterkulissen. Bei freiem Eintritt konnten Besucher auf 800 m² Fläche die neuesten und die ältesten Spiele aus Österreich testen.

Historische Meilensteine

Österreich ist zwar nicht als Hotspot für Spielehits bekannt, doch immer wieder entstehen Projekte, welche auch internationale Erfolge feiern. In der „Austrian Game History Area" der Play Austria konnte jedermann die bisherigen Meilensteine anspielen. So gilt der Titel „Der verlassene Planet" von Hannes Seifert, einem der einflussreichsten österreichischen Spielentwickler, als das erste kommerzielle Spiel aus Österreich. Das 1989 von Markt&Technik über die „64er Extra" vertriebene Textadventure entstand für den C64.

Whale's Voyage, ein abwechslungsreiches Rollenspiel mit Elementen einer Handelssimulation, entstand beim österreichischen Entwicklerstudio neo Software. Das 1993 in PC-, Amiga- und CD32-Version auf den Markt gebrachte Spiel wurde von Hannes Seifert und

PLAY AUSTRIA

DIE ERSTE MESSE DER ÖSTERREICHISCHEN GAME-SZENE

15. — 16. SEPTEMBER 2017

EINTRITT FREI

SEMPERDEPOT ATELIERHAUS DER AKADEMIE DER BILDENDEN KÜNSTE

WIEN

PLAYAUSTRIA.COM

Niki Laber programmiert. Dank einiger Innovationen und guter Kritiken gilt es heute als Klassiker des Genres.

Mit bis zu fünf Entwicklungsstudios und über 200 Mitarbeitern war JoWooD das wohl bekannteste Unternehmen der Computerspiel-Branche aus der Alpenrepublik. Der zeitweise größte deutschsprachige Publisher landete mit „Industrie Gigant" 1997 einen internationalen Hit. Das Spiel wurde in zwölf Sprachen übersetzt und insgesamt 800.000 Mal verkauft. 2002 erschien der Nachfolger, welcher auf der Messe angespielt werden konnte. Das neue Spiel konnte jedoch nicht mehr an die alten Erfolge anknüpfen. 2011 ging JoWooD in Insolvenz – Game Over.

Das 2001 in Wien gegründete Unternehmen Sproing Interactive Media veröffentlichte über 60 Titel unterschiedlichen Umfangs, darunter diverse Moorhuhn-Teile – Moorhuhn 3 konnte mit Maus auf der PlayStation angespielt werden. 2016 musste die Firma Insolvenz anmelden, soll aber saniert werden. Derzeit sind rund 50 Leute beschäftigt.

Anno 1602, das erste Spiel der bekannten Serie, entstand aus einem Gemeinschaftsprojekt der österreichischen Firma Max Design und der deutschen Firma Sunflowers. Das Spiel wurde bis zum Januar 2002 über zwei Millionen Mal verkauft und war damit das meistverkaufte Spiel, das im deutschsprachigen Raum entwickelt wurde.

Bilder

https://www.flickr.com/photos/22603924@
N04/albums/72157686775773823

Der verlassene Planet

Im Jahre 1998 starteten Sie mit einem Raumschiff zu einer auf zehn Jahre angelegten Expedition, um einen fernen Planeten zu erforschen. Doch der Bordcomputer hatte einen Defekt und weckt Sie erst 2000 Jahre später aus dem Tiefschlaf. Außerdem brachte er das Raumschiff nicht zum Zielplaneten, sondern zur Erde zurück. Die Menschheit hatte sich jedoch in der Zwischenzeit selbst vernichtet.

Ein etwas moderneres Spiel war der vorgestellte Puzzle-Plattformer „And yet it moves" von Broken Rules. Das Indie-Spiel aus Wien wurde 2009 veröffentlicht und war ein internationaler Erfolg. Die aus Papierschnipseln bestehende Welt kann um die eigene Achse rotiert werden, was Einfluss auf physikalische Effekte wie etwa die Gravitation hat. Das für ein Projekt auf der Technischen Universität Wien entwickelte Spiel wurde fertiggestellt, als der Prototyp für mehrere Awards nominiert wurde und er diese zum Teil auch gewann.

Indie-Hits

Während die großen Studios wie JoWooD, Max Design und auch Rockstar Vienna – welche an Titeln wie GTA 3 und Max Payne 2 mitwirkten – geschlossen wurden, ist die Indie-Szene noch immer sehr aktiv. Nach einer Pause vom Rampenlicht und einer weniger erfolgreichen Phase hat Broken Rules jetzt mit Old Man's Journey, einem faszinierenden Plattform-Spiel, zurückgeschlagen. Auch den Entwickler von „Schein", einem preisgekrönten Puzzle-Jump'n'Run, konnte man auf der Play Austria antreffen. In diesem Spiel sucht ein verzweifelter Mann seinen Sohn, wobei durch den geschickten Ein-

satz von Licht in Form einer Laterne Rätsel gelöst werden müssen.

Auch Indie-Titel mit Österreich-Bezug wurden gezeigt. So muss man in „1700" in die Rolle der österreichischen Polizei schlüpfen und diese im Stil von Lemmings koordinieren. Ziel ist die Eroberung eines besetzten Hauses in Wien. Realer Hintergrund: Die Räumung der Pizzeria Anarchia durch 1700 Polizisten, die sich im Sommer 2014 ereignete. Auch der Welterfolg „Blek" des Indie-Studios Kunabi Brother aus Wien wurde über 1,5 Millionen Mal heruntergeladen, die Idee dahinter an die 50 Mal kopiert.

Fazit

Auch wenn es derzeit nicht so aussieht, als würden sich größere Studios in Österreich ansiedeln, lebt die Szene und auch kleinere Firmen feiern Erfolge: Das Schlumpf-Lizenzspiel „The Smurf's Village" (Bongfish) sowie „Ori and the Blind Forest" (Moon Studios) erreichten eine gewisse Bekanntheit.

Diverse Anwendungen von VR, aber auch Ideen wie Mehrspielerspiele abseits des Bildschirms mittels der in den Playstation-Move-Controllern verbauten Sensoren, zeigten

Whale's Voyage

Whale's Voyage ist ein Science-Fiction-Rollenspiel und spielt in ferner Zukunft in einem aus sechs Planeten bestehenden Sonnensystem. Mit Elementen einer Handelssimulation, durch die der Spieler mit Transporten Geld verdienen kann, rüstet man sein Raumschiff („Whale") auf. Sowohl durch rundenbasierte Kämpfe mit Piraten als auch durch Erkundung der Planeten mit shoot'em'up-artigen Elementen ist das Spiel ein innovatives und abwechslungsreiches Rollenspiel.

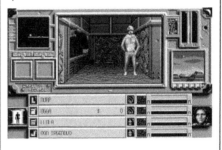

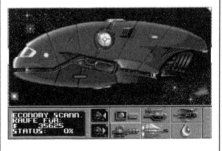

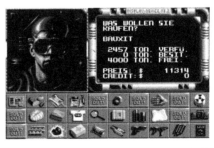

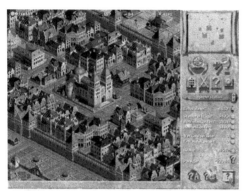

die Kreativität der österreichischen Entwickler. In mehreren Do-it-yourself-Stationen konnten Besucher in verschiedene Bereiche der Spielentwicklung eintauchen. Besonderer Fokus der Messe war die Aus- und Weiterbildung. Eine Kunstausstellung rundete das Angebot ab.

Die Veranstaltung war eine gelungene Vernetzung der Szene – sowohl untereinander als auch nach außen hin. Viele kleinere Entwickler haben normalerweise nicht die Möglichkeit, ihre Projekte der Öffentlichkeit vorzustellen und waren dankbar für das Feedback der Besucher. Ein besonders schönes Beispiel für die nette Stimmung war, dass es selbstgemachten Kuchen als Dankeschön für das Ausfüllen eines Fragebogens zum Smartphone-Spiel „The Tower of Egbert" gab.

Über 3000 Leute kamen ins Semperdepot und besuchten die 60 Aussteller sowie die Vorträge und Diskussionen. Eine Fortsetzung nächstes Jahr ist so gut wie beschlossen. Well played, Vienna! ∎

Videos
Retro: https://www.youtube.com/watch?v=jey7rWlZpjM
Spiele & VR: https://www.youtube.com/watch?v=HFoXUnti_fs
Rundgang: https://www.youtube.com/watch?v=uq7W9MHbLDo

Wer kann diese winterlichen Szenen identifizieren?

Eisiges Screenshot-Quiz

von Marleen

Gesucht ist der Name des Spiels, das Erscheinungsjahr und das System. Die Auflösung gibt es auf Seite 57.

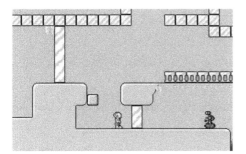

The 8-Bit Guy

Das Hobby zum Beruf machen: mit Retro Computing den Lebensunterhalt verdienen

David Murray hatte einen nicht unüblichen Beruf: er arbeitete als Systemadministrator in einem Unternehmen. Als sich immer mehr Menschen mit alten Computern beschäftigten, regte sich auch bei ihm wieder die Lust darauf und er begann, seine Erfahrungen und Entdeckungen auf YouTube zu veröffentlichen. Unter dem Namen „The 8-Bit Guy" [1] zeigt er seinen mittlerweile über 550000 Abonnenten in Videos, die er aufwändig im Studio im eigenen Haus produziert, wie er alte Computer wiederentdeckt und herrichtet. Mittlerweile hat er seinen früheren Job an den Nagel gehängt und lebt davon, Videos über klassische Computer zu produzieren. Wir haben mit ihm darüber und über den Wert von alten Rechnersystemen in der Gegenwart gesprochen.

Lotek: Möchtest du unseren Lesern kurz erzählen, wer du bist und was du gerade machst?

8-Bit Guy: Ich lebe davon, YouTube-Videos über alte Computer und Spielkonsolen der 70er, 80er und 90er zu produzieren. Ich kann damit meinen Lebensunterhalt verdienen, es macht Spaß und es ist ein toller Job.

Lotek: Was war denn dein erster Computer?

8-Bit Guy: Mein erster Computer war ein Commodore VIC-20, ich bekam ihn 1981.

Lotek: Hast du dich seitdem durchgehend mit Computern dieser Zeit beschäftigt oder gab es eine Pause?

8-Bit Guy: In den späten 1990ern und frühen 2000ern verlor ich etwas das Interesse. Als ich aber sah, dass sich viele andere wieder damit beschäftigten, entdeckte ich auch selbst den Spaß daran wieder.

Lotek: Wie groß ist deine Sammlung momentan?

8-Bit Guy: Ziemlich groß. Sie wächst unaufhaltsam, allein schon, weil die Leute mir ständig Zeugs spenden. Mir ist mittlerweile schlicht die Lagerfläche ausgegangen. Ich besitze so ziemlich jedes 8- und 16-Bit-System, beginnend in den späten 70ern bis in die späten 80er. Genau beziffern kann ich das gar nicht, aber ich habe mittlerweile bedeutend mehr Geräte, als mir eigentlich lieb ist.

Lotek: Was ist das System, das du in deiner Sammlung bisher am meisten vermisst und das du noch nicht ergattern konntest?

8-Bit Guy: Gute Frage! Es gibt ein paar Geräte, die unglaublich selten sind, wie der Commodore Max, der Atari 1400XLD oder natürlich der Commodore 65. Aber ich denke, ich habe mittlerweile so ziemlich alle Systeme, die man für unter 300$ bekommen kann.

Lotek: Im März 2016 hast du auf deinem You-Tube-Kanal um Spenden über Patreon geworben, weil du gerne vom Produzieren deiner YouTube-Videos leben können wolltest. Klappt das?

8-Bit Guy: Das funktioniert tatsächlich, ja. Den größten Faktor dabei machen Spenden über Patreon und YouTube-Zahlungen aus. Das Spannende ist: selbst wenn ich die hohen Steuern und Abgaben, die für eine Selbständigkeit fällig werden, und die Ausgaben, die ich für Computer und Equipment habe, abziehe, bleibt momentan sogar ein bisschen mehr übrig als bei meinem alten IT-Job.

Lotek: Beim Betrachten deiner Videos drängt sich eine Frage auf: ist blau deine Lieblingsfarbe?

8-Bit Guy: Klare Antwort: Ja.

Lotek: In deiner „Is it obsolete?"-Serie beschäftigst du dich mit Computern, die schon ein paar Jahre auf dem Buckel haben, zum Beispiel Macs, die über fünf Jahre alt sind. Würdest du dich als Teil der Upcycling-Community sehen?

8-Bit Guy: Naja, selbst mein Hauptrechner, auf dem ich auch den ganzen Videoschnitt mache, ist fünf Jahre alt, und ich habe ihn erst vor

Auf seinem YouTube-Kanal zeigt „The 8-Bit Guy" alte Computer. Er stellt Geräte vor, die er schon immer mal haben wollte. Die Geräte werden mit ihren technischen Daten vorgestellt und Defekte repariert. Auch die optische Aufarbeitung kommt nicht zu kurz. Alle Schritte dokumentiert er ausführlich. (Abbildung 1) ∎

Commodore PET Reparatur und Restaurierung

223.224 Aufrufe

11.526   73   TEILEN

ein paar Monaten gekauft und damit ein noch älteres Gerät ersetzt. Was das angeht, bin ich also selten vorn mit dabei. Ich bin ein ziemlicher Geizhals, wenn es um den Kauf neuer Computer geht.

Lotek: Ein Computer wie der Commodore 64 ist um Größenordnungen simpler als heutige Systeme. Heutige Systeme sind natürlich ungleich leistungsfähiger, aber das trifft natürlich auch auf deren interne Komplexität zu. Du hast zum Beispiel ein Video gemacht, in dem du von Grund auf und anschaulich erklärst, wie ein LC-Display funktioniert (Abbildung 3). Siehst du dich als jemand, der Wissen über alte Systeme bewahrt bzw. neu entdeckt, um dieses Wissen nicht verloren zu geben, ähnlich wie wir das mit historischen Technologien wie Dampfloks machen?

Der 8-Bit-Guy teilt auch seine gewonnen Erfahrungen, zum Beispiel auf der Suche nach dem geeignetsten Laptop für DOS-Spiele. (Abbildung 2)

8-Bit Guy: Auf jeden Fall! Ich lerne ständig neue Dinge über diese alten Systeme, da ich mich detailliert mit ihnen auseinandersetzen muss, wenn ich gute Videos machen möchte. Ja, Dampfloks sind ein interessanter Teil der Geschichte, der ebenfalls bewahrt werden sollte. Aber diese alten Computer repräsentieren eine ganze Kulturrichtung der 80er Jahre, und das nicht nur in der Hardware, sondern auch in der Software, die auf ihnen läuft.

Davon ab: Ich denke, es ist sehr hilfreich, Menschen zu zeigen, wie diese Computer im Wesentlichen funktionieren, dadurch erhält man die Chance, zu verstehen, wie die komplexen modernen Computer arbeiten. Ich sehe das in etwa so: Wenn du nicht verstanden hast, wie ein Transistor funktioniert, wirst du es schwer haben, die Funktionsweise eines Mikroprozessors zu verstehen. Moderne Computer enthalten so viele Komponenten, die um Größenordnungen komplexer sind als 8-Bit-Systeme, da ist es einfacher, wenn man

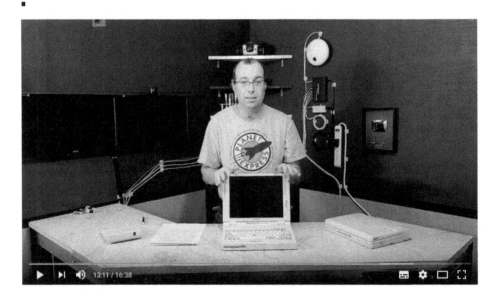

Komponenten wie den Speicherbus bei alten Systemen erklärt, bevor man sich den modernen Varianten zuwendet.

Lotek: Gibt es Aufgaben, die du besser mit einem Retro-System erledigen kannst, zum Beispiel, weil dies besser von der Hardware unterstützt wird oder weil die Software besser optimiert ist? Vermisst du bestimmte Produkte auf aktuellen Systemen?

8-Bit Guy: Ich denke, die meisten ernsthaften Aufgaben kann man mit modernen Computern deutlich besser erledigen. Das, was ich an alten Computern mag, ist, wie schnell man sie programmieren kann. Viele mögen behaupten, das trifft auch heute noch zu, und ganz falsch ist das sicherlich nicht. Aber Fakt ist: Wenn du zu irgendjemandem gehst, auf seinen Computer zeigst und sagst: „Schreibe JETZT ein Programm, das X, Y und Z tut", wird die Antwort vermutlich „Wie denn?" sein. Die Wahrschein-

lichkeit ist hoch, dass auf dem Computer weder ein Compiler noch etwas Vergleichbares installiert ist. Im Gegensatz dazu ein alter Computer: du schaltest ihn ein und kannst direkt damit beginnen, ein Programm einzutippen. Und die Programmiersprache ist quasi für jedermann verständlich.

Lotek: Danke für das Interview!

Das Interview führte Jens Bürger. ∎

Infos
[1] https://www.youtube.com/user/adric22
[2] DOS-Laptop:
https://www.youtube.com/watch?v=k2v7k-wAm2E

Auch Vermittlung von Grundlagenwissen kommt nicht zu kurz. Für das Thema Text-LCDs hat der 8-Bit-Guy eine Experimentierumgebung gebaut, um anschaulich zu demonstrieren, wie Daten in das LCD kommen. (Abbildung 3) ∎

Was wäre die Adventszeit ohne schreckliche, kratzende Weihnachts-Pullover?

Weihnachts-Pullis

Inzwischen sind diverse Hersteller auf den Trichter gekommen, dass Gestricktes sich für Pixel-Motive geradezu anbietet, und so gibt es in letzter Zeit mehr und mehr Weihnachts-Pullis für Nerds und Retro-Gamer. Hier eine Auswahl für 2017...

von Marleen

Pac-Man Christmas Sweater

Quelle: amazon.com
Los geht es mit einem Klassiker. Das Blau hebt sich hübsch vom allweihnachtlichen Rot- und Grün-Überfluss ab, und somit ist dieser Strickpulli ein echter Hingucker.

Santa Kong

Quelle: amazon.com
Wer es etwas traditioneller mag, hat mit „Santa Kong" den perfekten Strickpulli gefunden.

Super Mario Christmas Hoodie

Piranha Plant-Schal

Quelle: 80stees.com

Hier noch eine Alternative für diejenigen, die kratzige Pullover nur aus der Ferne schön finden: bei diesem Kapuzenpulli ist das Strickmotiv aufgedruckt.

Quelle: etsy.com

... und auch wer überhaupt kein Fan von Weihnachts-Pullovern ist, kann sich diesen Winter stilgerecht kleiden: Im Internet gibt es wie immer viel Selbstgemachtes zu kaufen – unter Mützen, Schals und Handschuhen dürfte jeder Retro-Nerd seinen Favoriten finden.

Lemminge eroberten das CTG

Am 2. Dezember 2017 fand im Grazer Spektral das Commodore Treffen Graz $25 statt. Mastermind Martinland verzichtete diesmal auf die übliche umfangreiche Tagesordnung, diesmal stand das gemütliche Beisammensein in vorweihnachtlicher Stimmung im Vordergrund. Wie immer flimmerten hochinteressante Pixel aus dem C64 auf der Leinwand, danach gehörte der Projektor aber dem Amiga 500, auf dem die Xmas Lemmings (und danach die Urfassung) für Kopfzerbrechen sorgten. Besonders die winterlichen Levels erwiesen sich als außerordentlich schwierig. Niemand kann sagen, wie viele digitale Vertreter der Art lemmus lemmus an diesem Abend ins Verderben gelaufen oder gar per Mausklick ins Wühlmausnirwana befördert wurden.   (Georg Fuchs)

Wipeout (MBO)

Die Serie Retro Treasures beschäftigt sich mit seltenen oder ausgefallen Produkten der Video- und Computerspielgeschichte und befasst sich in dieser Ausgabe mit Wipeout (MBO).

von Simon Quernhorst

Module mit Zusatzfunktionen finde ich besonders interessant, so wurde in Lotek64 #27 bereits über ein Modul mit zusätzlichem Stromanschluss und in #47 über Module mit zusätzlichen Joystickports berichtet. In diesem Zusammenhang sind mir einige Spiele für die uralte Pong-Konsole „MBO teleball-cassetten-system" des Herstellers Schmidt & Niederleitner GmbH & Co. KG aus München aufgefallen, denn z.B. „Wipeout – Der neue Flipper-Spaß" enthält zusätzliche Drehregler an den Seiten des Moduls.

Während die Vorgängerkonsole „MBO tele-ball" von 1977 nur ein schwarz/weißes Fernsehbild lieferte und nur vier eingebaute Spiele zur Verfügung standen, suggeriert der Nachfolger mit bunter Grafik und wechselbaren Modulen nun Vielfalt. Allerdings bleiben die Spiele technisch auch weiterhin auf Pong-Niveau, dies erklärt auch die geringe Anzahl an erschienenen Modulen. Die Spielgeräusche kommen auch weiterhin aus der Konsole selbst und werden somit nicht an den Fernseher übergeben, ein Lautstärkeregler ist

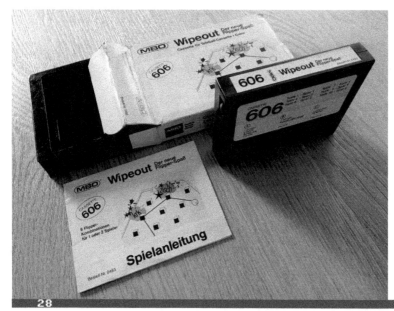

■ Abb. 1:
Farbenprächtig:
Wipeout mit
Verpackung
und Anleitung

■ Abb. 2: Abgedreht: die seitlichen Paddles von 606 und 610

■ Abb. 3: Einfache Technik: das leere Schaltbild in der Anleitung

an der Konsolenrückseite vorhanden. Zusätzlich gibt es zwei Positionen des Hauptschalters der Konsole: mit und ohne Ton.

Leider enthalten die äußerst schlicht gestalteten Spieleverpackungen keine Jahresangabe, sie werden aber zwischen 1977 und 1978 erschienen sein. Die Konsole war kompatibel zum „Palladium Tele-Cassetten-Game" und es wurden sogar dieselben Nummern für die Spiele verwendet, nur die Modulaufkleber hatten andere Farben. Bekannt sind mir folgende Module:

603 – Car Race / Autorennen,
606 – Wipeout / Tele-Bowling,
610 – Ballgames / Ballspiele,
710 – Tank Game / Panzerschlacht,
765 – Motorcycle / Motorradrennen.

Die Module 606 und 610 enthalten die seitlichen Drehregler. Als Palladium-Modul gibt zusätzlich noch 607 – Schießspiele, dies benötigt eine Lichtpistole. Interessanterweise sind die Nummern nicht die eigentlichen Bestellnummern des Herstellers, diese sind z.B. 0477 für 610, 0481 für 710 und 0483 für 606 und zeigen somit eine ganz andere Reihenfolge. Die Konsole selbst trägt die niedrige Bestellnum-

mer 0474. Wegen der höheren Bestellnummer vermute ich, dass Wipeout etwas später erschienen ist, außerdem werden auf dessen Verpackung keine Adresse und Telefon/Telex-Angaben des Herstellers mehr genannt.

Wie andere Pong-Konsolen auch, bieten die einzelnen Module über die Schalter der Konsole verschiedene Einstellungsmöglichkeiten (z.B. Schläger- und Kugelgröße, Tempo). Leider muss man sich diese jedoch vor Einlegen des Moduls merken, denn das Etikett mit den Beschreibungen zeigt ungünstig zum Fernseher und verschwindet zudem zur Hälfte in der Konsole.

Zurück zu Wipeout... da die Konsole bereits analoge (und sogar abnehmbare) Joysticks bietet, werden die seitlichen Drehregler des Moduls nur für die anfängliche vertikale Justierung der Pong-Schläger benötigt. Das Spielgeschehen hat kaum etwas mit den Etikettenbezeichnungen „Flipper" bzw. „Bowling" zu tun, stattdessen handelt es sich eher um Abräumspiele wie Breakout. Und natürlich gibt es keinerlei Gemeinsamkeit mit dem gleichnamigen Psygnosis-Rennspiel „Wipeout" für Sony PlayStation und Sega Saturn aus dem Jahr 1995...

Zum Schluss noch einige kleine Anmerkungen: auch wenn es natürlich schade ist, dass es seit Jahrzehnten keine Videospielkonsolen von deutschen Herstellern mehr gibt, ist dies bei Tastenbezeichnungen wie „Zählwerk-Nullstellung" eigentlich kein Wunder. Neben dem Herstelleretikett auf der Konsolenunterseite weist ein eigener Aufkleber auf die bestehenden Magnavox-Lizenzen hin. Nachfolger war das „tele-cassetten-system II", welches nahezu zeitgleich erschien und denselben Wein in neuen Schläuchen angeboten hat, z.B. als Module „610/II – Ballspiele" und „710/II – Panzerschlacht". ∎

∎ Abb. 4: Moduletikett nur per Röntgenblick bei eingelegtem Spiel

Der Autor

Simon Quernhorst, Jahrgang 1975, ist begeisterter Spieler und Sammler von Video- und Computergames und Entwickler von neuen Spielen und Demos für alte Systeme. Zuletzt durchgespielter Titel: Pac-Attack (Genesis).

Seltener Sega-Prototyp aufgetaucht

Im November wurde ein seltener Prototyp von Sega versteigert. Es handelt sich um ein Gerät namens SEGA Saturn Prototype C. Wie der Name schon andeutet, handelt es sich um eine Designstudie für die Saturn-Konsole, die zum Zeitpunkt der Produktion noch als „Gigadrive" durch die Medien geisterte.

Wie in der Auktionsbeschreibung deutlich wurde, existieren nur zwei Exemplare dieses Geräts, die von Sega Japan an die Firmenhauptsitze in Europa und Nordamerika geschickt wurden, damit eine Entscheidung über die Gestaltung des Gehäuses herbeigeführt werden konnte.

Der nun versteigerte Prototyp machte offensichtlich nicht das Rennen, das Gehäuse sieht der Saturn-Konsole nicht ähnlich, sondern ist eher an das Design des Vorläufers Sega Multi Mega angelehnt, jene seltene Kombination, die Mega Drive und Mega CD in einem kompakten Gehäuse vereint. Der Prototyp enthält keine funktionsfähige Elektronik.   (Georg Fuchs)

Die famose Klangwelt des Commodore 64 anhand zweier konkreter Beispiele aus dem goldenen Zeitalter und der Neuzeit des SID-Chips

Von Martinland

Please Me (1991), geschaffen von Metal alias Torben Hansen:

Tja, obschon erst vor wenigen Folgen in der Sidologie vorgestellt, komme ich hier erneut auf Metal zurück, denn – das gebe ich zu – rein subjektiv erinnert mich dieses schöne, vor sich hin mäandernde und swingende, im JCH-Player für den alten SID-Chip fabrizierte Stück an gute alte C64-Zeiten und -Denksportspiele (?!) Nach zwei Minuten werden dann kompositorisch gar noch andere Töne angeschlagen. Viel Spaß!

http://csdb.dk/sid/?id=19281

Will You Be Bright Enough (2008), geschaffen von Rupert Dissident:

Als (pseudo)modernes Pendant (für den neuen SID schon damals im Goattracker entstanden) hier ein wenig „Minimal Music" (ja, die hypnotische Begleitung hat es mir als altem Michael-Nyman- und Philip-Glass-Fan angetan) – die nach 48 Sekunden einsetzende Melodie ist in diesem Fall ausnahmsweise Nebensache ;-), die doch auch an gute alte Weltraumklassiker am C64 erinnert. Meines Erachtens. Mit obigem SID als entspannendes Nostalgie-Paar ohne Innovationen und Schnörkel zu rezipieren!

http://csdb.dk/sid/?id=40379 ∎

Ganz ohne Mü he

Sportliche Höchstleistungen ganz entspannt vor dem C64 sitzend zu vollbringen, was konnte es für den heranwachsenden Nerd in den 80er-Jahren Schöneres geben? Eben!

von Georg Fuchs

Die Multiplayer-Sportspieler aus dem Hause Epyx gaben den Standard vor, an dem sich Sportspiele ab 1984 zu orientieren hatten, wollten sie kommerziell erfolgreich sein. Hyper Sports, Blood'n Guts, Knight Games und andere unvergessene Sammlungen von mehr oder weniger (Katzenweitwurf!) sportlichen Wettbewerben waren zwar ähnlich aufgebaut, besaßen aber keinen Mehrspieler- oder Wettbewerbsmodus, wodurch sie sich nicht als Partyspiele eigneten. In der folgenden Übersicht konzentrieren wir uns auf abendfüllende C64-Klassiker, bei denen mehrere Spieler gegeneinander antreten können.

Decathlon

Activision, 1984
Multiplayer: bis zu 4 Spieler, 2 Spieler simultan

Decathlon ist eine der frühesten Sportsimulationen, die für den Commodore 64 (und die meisten anderen 8-Bit-Heimcomputer dieser Zeit) veröffentlicht wurde. Die recht ansehnliche Grafik ist weniger in Erinnerung geblieben als das Gerüttle, dem der Joystick bei diesem Spiel ausgesetzt ist. Decathlon mit Freunden zu spielen verhieß Schweiß und Tränen, verzerrte Gesichter und einen Energieverbrauch,

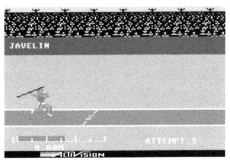

mit dem man beinahe einen echten Zehnkampf hätte bestreiten können.

Bis zu vier Spieler können in den zehn Disziplinen gegeneinander antreten. Die logische und intuitive Steuerung folgt bei den Laufdisziplinen immer demselben Prinzip: Je schneller der Joystick rechts-links gerüttelt wird, desto schneller ist das Sprite-Männchen im Ziel. Besonders das Finale im 1500-Meter-Lauf hat den legendären Ruf erworben, zahlreiche Joysticks ins Jenseits befördert zu haben. Wer Decathlon gewinnen wollte, musste dafür erheblichen körperlichen Einsatz zeigen. Um die Simulation realistischer zu gestalten, werden die Athleten vor dem Endsprint langsamer, der Joystick muss also noch schneller gerüttelt werden.

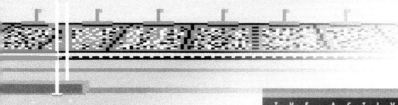

Der Programmierer David Crane hat in der Frühzeit des C64 auch mit seiner Umsetzung von Pitfall und Little Computer People Spielegeschichte geschrieben.

Disziplinen:

- 100-Meter-Lauf
- Weitsprung
- Kugelstoßen
- Hochsprung
- 400-Meter-Lauf
- 110-Meter-Hürdenlauf
- Diskuswurf
- Stabhochsprung
- Speerwurf
- 1500-Meter-Lauf

Fazit

Decathlon ist ein C64-Klassiker, der dem Multiplayer-Sportspiel-Genre zu großer Popularität verhalf. In weniger als 30 kB Programmcode – Nachladen ist also unnötig – wurden zehn Disziplinen auf die heimischen Bildschirme gezaubert. Die Umsetzung ist für 1984 nicht schlecht gelungen, auch wenn vor allem die Laufdisziplinen wenig Abwechslung bieten. Etwas spannendere Sportarten sind Speerwurf und Diskus, wo der richtige Wurfwinkel ge-

wählt werden muss und nicht nur die schnelle Rüttelei belohnt wird.

Summer Games

Epyx, 1984
Multiplayer: bis zu 8 Spieler, 2 Spieler simultan

Mit Summer Games begründete Epyx seinen Ruf, die besten Sportspiele für den C64 zu machen. Tatsächlich überbot das kalifornische Softwarehaus mit seiner Genre-Premiere alles, was zuvor geboten wurde: Eine schöne Präsentation mit Eröffnungs- und Abschlusszeremonie, speicherbare Highscores, herrlich animierte Sprites und tolle Hintergrundgrafiken, Musik und Sound-Effekte und vieles mehr – nicht zuletzt eine präzise, nicht immer

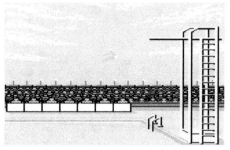

Disziplinen:
- Stabhochsprung
- Turmspringen
- 4x400-Meter-Staffellauf
- 100-Meter-Sprint
- Turnen am Pferd
- 4x100-Meter-Schwimmstaffel
- 100-Meter-Freistil
- Tontaubenschießen

einfach zu lernende Steuerung, die weit über bloßes Rütteln des Joysticks hinausging.

In Summer Games können, so wie in allen anderen Sportsimulationen von Epyx, bis zu acht Spieler in den acht Disziplinen gegeneinander antreten. Dabei muss jeder Spieler eine Nation wählen, deren Hymne dann auch bei einem Sieg gespielt wird. Wer sein bevorzugtes Land nicht findet, kann als Ersatz eine fiktive Epyx-Hymne wählen. Auch die Sowjetunion ist vertreten, allerdings wird statt der korrekten Hymne die „Internationale" gespielt. Ein Fehler, der bei den nachfolgenden Titeln nie korrigiert wird.

Werden mehrere oder alle Disziplinen gespielt, gibt es einen Medaillenspiegel und einen Gesamtsieger. Ablauf und Präsentation werden bei allen nachfolgenden Sportspielen von Epyx in dieser oder sehr ähnlicher Weise beibehalten. Die Disziplinen können in den 1985 erschienenen Nachfolger Summer Games II eingebunden werden.

Fazit

Summer Games ist dank der technisch guten Umsetzung noch immer gut spielbar, besonders der Stabhochsprung ist hervorragend gelungen. Turnen und Turmspringen sind ebenfalls gut umgesetzt und bieten viel Spielraum für unterschiedliche Figuren. Lediglich die Schwimmstaffel und der Staffellauf sind spielerisch und grafisch etwas fantasielos geraten.

Summer Games II

Epyx, 1985
Multiplayer: bis zu 8 Spieler, 2 Spieler simultan

Summer Games II war zum Zeitpunkt seiner Veröffentlichung 1985 das vollendetste Sportspiel auf dem C64. Von den acht Disziplinen sind mehrere echte Exoten, die bis heute nicht oft in Computerspielen zu finden sind – etwa Springreiten, Dreisprung und Kajakfahren. Da die acht Sportarten zumindest bei der Disk-Version mit Summer Games I kombiniert

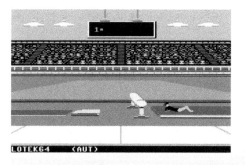

werden können, ist ein Bewerb mit 16 Disziplinen möglich. (Das funktioniert bei einigen gecrackten Versionen nicht.) Wenn die Höchstspielerzahl (acht) voll ausgeschöpft wird, ergibt sich daraus ein epischer Joystick-Marathon.

Präsentation, Ablauf uns Steuerung folgen dem Vorgänger, wobei alles noch eine Spur gekonnter umgesetzt wurde. Die Sprites haben nun in manchen Disziplinen einen Schatten und die Hintergründe sind noch detaillierter. Die technisch makellose Umsetzung wird, wie bei Epyx üblich, durch einen wirklich schnellen Fastloader abgerundet, der das häufige Nachladen erträglich macht. Der Vollständigkeit halber sei erwähnt, dass das Spiel selbst von Datassette gut spielbar ist.

Disziplinen:
- Dreisprung
- Rudern
- Speerwurf
- Springreiten
- Hochsprung
- Fechten
- Radfahren
- Kajak

Fazit
Summer Games II setzte 1985 neue Maßstäbe. Grafisch und spielerisch zeigte Epyx, was am C64 alles machbar ist. Konkurrenz gab es jahrelang nur „intern" durch andere Epyx-Ti-

tel, die das Genre beherrschten wie kein anderes Softwarehaus. Summer Games II bedarf allerdings geduldiger Einarbeitung, will man gegen gute Spieler bestehen. Der Ablauf der Steuerung ist nicht intuitiv, sondern will gelernt werden. Summer Games II war das erste Spiel der Reihe, das ich gespielt habe. Ich habe es 1986, noch auf Kassette, erworben und war überwältigt von der Qualität des Gebotenen.

Winter Games
Epyx, 1985
Multiplayer: bis zu 8 Spieler, 2 Spieler simultan

Kurz nach Summer Games II legte Epyx einen neuen Titel vor, der auf dasselbe Konzept wie Summer Games I und II setzte. Allerdings waren diesmal nur Wintersportarten vertreten, was erklären könnte, warum das Spiel in Österreich besondere Popularität genoss und jahrelang ein Standard blieb, wenn sich mehrere Leute rund um einen C64 versammelten.

Technisch konnte der hohe Standard von Summer Games II gehalten werden. Die vertretenen sieben Bewerbe sind allesamt liebevoll umgesetzt, allerdings werden nur sechs verschiedene Disziplinen geboten (Eiskunstkauf kommt als Pflicht und Kür doppelt vor, spielerisch gibt es kaum Unterschiede). Dafür wird sehr viel geboten, was die Umsetzung anbelangt: 3D-Grafik beim Bobfahren, großartige Animationen beim Biathlon, Höchstspannung beim windabhängigen Schispringen (selbst-

verständlich noch im Parallelstil). Dass keine einzige alpine Sportart vertreten ist, könnte ein Hinweis darauf sein, dass das Spiel eilig vor Weihnachten auf den Markt geworfen wurde. Wie bei den beiden Summer-Games-Teilen ist es vor allem die präzise Steuerung, die spannende Wettkämpfe garantiert. Besonders eindrucksvoll ist der Biathlon umgesetzt, bei dem viele Joystickmanöver ausgeführt werden müssen, um eine Rekordzeit zu erreichen: rhythmische Rechts-links-Bewegung auf der Loipe, schnelles Nach-unten-Drücken zum Schwungholen, Rütteln bei Steigungen – und beim Schießen ist höchste Konzentration gefragt, da hier viel Zeit verloren gehen kann.

Die Disziplinen können in den 1985 erschienenen Nachfolger Summer Games II eingebunden werden.

Disziplinen:
- „Hot Dog" (Freestyle-Ski-Kunstspringen)
- Biathlon
- Eiskunstlauf (Pflicht)
- Schispringen
- Eisschnelllauf
- Eiskunstlauf (Kür)
- Bobfahren

Fazit
Winter Games war das perfekte Partyspiel, das sich durch präzise Steuerung (etwas einfacher als bei Summer Games II), sehr schöne Grafik und Präsentation und hohe Spannung im

Mehrspieler-Bewerb auszeichnete. Lediglich die beiden Eiskunstlaufbewerbe liegen in der Gunst der Fangemeinde deutlich hinter den anderen Disziplinen und werden bei Bewerben gerne ausgeklammert, was im Hauptmenü problemlos möglich ist. Ich besitze noch meine Diskette aus den 80ern und hoffe noch immer, meine eigene Bestzeit im Biathlon von 1:38 Minuten eines Tages zu übertreffen – wie ich bei anderen gesehen habe, sind da noch mindestens fünf Sekunden drin.

World Games
Epyx, 1986
Multiplayer: bis zu 8 Spieler, 2 Spieler simultan

Die ersten drei Epyx-Sportspiele hielten sich mehr oder weniger an den Kanon olympischer Disziplinen. Mit World Games wurde zwar die typische Epyx-Präsentation beibehalten, bei der jeder Spieler eine Nation wählt und im Erfolgsfall die entsprechende Hymne zu hö-

ren bekommt, jedoch wurden in der vierten Auflage des Mehrspieler-Vergnügens vor allem exotische Bewerbe aus aller Welt auf den Heimcomputer portiert, die, mit Ausnahme von Gewichtheben und Slalom, nie olympisch waren.

Um die teilweise unbekannten Sportarten vorzustellen, gibt es vor jeder Disziplin eine schön gestaltete Seite mit Informationen. Diese Funktion kann im Hauptmenü deaktiviert werden, um Ladezeit zu sparen.

Das noch konventionelle Gewichtheben (eigentlich zwei Bewerbe, Reißen und Stoßen), das hier als russische Sportart vorgestellt wird, eröffnet den Reigen. Der zweite Wettkampf ist bereits weniger bekannt: in Deutschland springt ein Schlittschuhläufer auf einem gefrorenen See über eine im Verlauf des Bewerbs wachsende Reihe von Fässern, wobei es auf die Geschwindigkeit des Anlaufs und den richtigen Absprung ankommt. Wer zu spät ab-

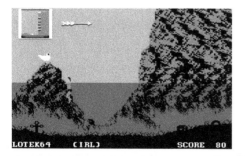

springt, stürzt, und wer zu spät zur Landung ansetzt, schlägt ein Loch ins Eis und landet im kalten Wasser.

Weiter geht es nach Acapulco, wo man aus unterschiedlicher Höhe über eine Klippe springen muss. Da der Felsen nicht überhängt, muss man einerseits darauf achten, weit genug anzuspringen, und gleichzeitig auf einen gestreckten Körper zu achten, um sanft zu landen. Da der Wasserspiegel steigt und fällt, ist auch das Timing entscheidend, da man sonst auf dem Meeresgrund aufschlägt.

Die nächste Disziplin ist ein Slalomlauf in Chamonix, der allerdings recht fantasielos umgesetzt ist und nur durch Auswendiglernen der Strecke in guter Zeit zu bewältigen ist. Unterhaltsamer ist das Balancieren auf einem im Wasser schwimmenden Baumstamm in Kanada geraten, bei dem immer zwei (bärtige) Männer gleichzeitig antreten müssen. Beide versuchen, den Gegner zu Sturz zu bringen, indem der Rhythmus oder gar die Drehrichtung des Baumstammes verändert wird. Nicht einfach, aber sehr unterhaltsam – ebenso wie das Stier-Rodeo, das nur mit viel Übung zu meistern ist.

Originell ist der schottische Baumstammwurf, bei dem bei eindringlicher Dudelsackbegleitung ein kleines Sprite-Männchen im Kilt einen ausgewachsenen Baumstamm möglichst elegant wegschleudern muss. Der Stamm muss sich überschlagen, damit der Versuch als gültig

sie umgesetzt. Da der Titel noch vor der Ära der 16-Bitter im Heimbereich veröffentlicht wurde, kann World Games zusammen mit dem 1987 erschienenen California Games, dessen 16-Bit-Umsetzungen sehr zu wünschen übrig lassen, auch als Genre-Höhepunkt auf 8-Bit-Computern gelten.

gewertet wird. Abgerundet werden die World Games mit einem Sumo-Ringkampf, dessen Regeln und Steuerung sich nur den wenigsten Spielern erschlossen haben.

Mit Ausnahme des 64'er-Magazins, das World Games nur 6 von 10 Punkten verlieh, wurde World Games von der Fachpresse gefeiert und wurde ein C64-Standard wie zuvor Summer Games II und Winter Games. Nach Jahrzehnten wurde World Games von remember einer Generalüberholung unterzogen: Nun passt das Spiel nicht nur auf eine Diskettenseite, es wurden auch unzählige Bugs des Originals behoben, die hin und wieder für einen unfairen Verlauf sorgen konnten.

Disziplinen:
- Gewichtheben: Reißen und Stoßen (Russland)
- Fassspringen (Deutschland)
- Klippenspringen (Mexiko)
- Slalom (Frankreich)
- Baumstamm-Balancieren (Kanada)
- Stier-Rodeo (USA)
- Caber Toss (Baumstammwurf) (Schottland)
- Sumo-Ringen (Japan)

Fazit
Die acht Bewerbe von World Games würden auch als Einzelspiele noch eine passable Figur machen, so individuell und meisterhaft sind

California Games

Epyx, 1987
Multiplayer: bis zu 8 Spieler, 2 Spieler simultan

Nach dem Ausflug in die weite Welt konzentrierte sich Epyx auf die kalifornische Heimat und legte weniger als ein Jahr nach World Games eine weitere Zusammenstellung ungewöhnlicher sportlicher Wettbewerbe vor. In California Games wurden viele sportliche Trends der 80er-Jahre in zeitgeistigem Design auf den Heimcomputer portiert. Daraus wurde einer der größten Hits der Heimcomputerära. Erstmals repräsentieren die Spieler keine Nationen, sondern Sportartikelhersteller. Dafür entfallen auch die Hymnen, an die wir uns schon so gewöhnt hatten.

Der Reigen beginnt mit Half Pipe. Das Skateboard ist in den 80ern groß in Mode gekommen, deshalb ist es auch keine Überraschung, dass California Games mit einem Skateboard-Bewerb eröffnet. Die Disziplin ist hervorragend umgesetzt: Mit behutsamen

Joystickbewegungen wird Schwung geholt, um am oberen Rand der Halfpipe kleine Kunststücke zu vollführen. Je nach Schwierigkeitsgrad und Ausführung werden Punkte gesammelt.

Bei Foot Bag muss ein kleiner Ball 90 Sekunden lang in der Luft gehalten werden. Dabei kann er mit den Füßen, Knien, der Ferse oder dem Kopf zurück in die Luft befördert werden. Fällt er zu Boden, darf weitergespielt werden, es gehen lediglich Punkte verloren. Je mehr Drehungen, Sprünge und andere Kunststücke eingebaut werden (insgesamt gibt es zehn Figuren), desto mehr Punkte landen am Konto. Foot Bag ist einer der unterhaltsamsten Bewerbe und steckt voller netter Details – so kann bei einem hohen Ball eine vorbeifliegende Möwe getroffen werden.

Beim Wellenreiten mit dem Surfbrett gilt es, spektakuläre Sprünge auf dem Wellenberg zu zeigen. Absprung- und Eintrittswinkel müssen übereinstimmen, sonst landet man im Wasser, wo im schlimmsten Fall schon ein Hai wartet. Die grafische und spielerische Umsetzung der selten auf einem Computer zu sehenden Sportart ist gut gelungen. Am Ende der Vorstellung gibt eine Jury ihre Bewertung ab.

Ein grafischer Leckerbissen ist auch Skating, ein klassischer Rollschuhbewerb. Kunststücke werden belohnt, aber in erster Linie geht es darum, auf dem Parcours eine möglichst große Strecke zurückzulegen ohne zu stürzen. Das ist nicht einfach, aber aufgrund der fantastischen

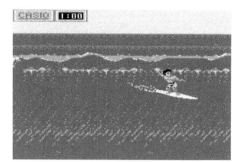

Animation der Skaterin immer wieder einen Versuch wert. Ähnlich verläuft der nächste Bewerb, ein BMX-Radrennen. Die Strecke ist voller Hindernisse, die es zu umfahren oder überspringen gilt. Mit etwas Übung kann eine spektakuläre Fahrt hingelegt werden, am Anfang landet man allerdings ständig auf der Nase. Helm wurde damals zum Glück auch schon getragen.

Zum Entspannen rundet ein gemütlicher Frisbee-Bewerb den Wettbewerb ab. Bei Flying Disc wird eine Wurfscheibe zwischen zwei Figuren hin- und hergeworfen, wobei man Wurfweite und Flugrichtung beeinflussen kann. Punkte gibt es für weite Würfe und für besonders schöne Arten, das Frisbee zu fangen – etwa durch elegantes Hechten. Auch hier sind nette Gags eingebaut – etwa, wenn man am Abwurf zu lange wartet...

Auch California Games passt mittlerweile auf eine Diskettenseite – der Version der Gruppe remember sei Dank.

Disziplinen:
- Half Pipe (Skateboard)
- Foot Bag (Hackysack)
- Surfen
- Slalom (Frankreich)
- Skating (Rollschuhfahren)
- BMX
- Flying Disc (Frisbee)

Fazit

California Games erschien für fast alle gängigen Plattformen der späten 80er-Jahre, die C64-Version ist aber trotz technischer Limitierungen die gelungenste. Das machte erst vor Kurzem ein Parallelbewerb mit der Amiga-Fassung im Rahmen des Commodore Meetings Graz deutlich, bei der die 8-Bit-Version selbst grafisch oft die Nase vorne hatte. Beim Spielspaß sowieso.

Skate or Die!

Electronic Arts, 1987
Multiplayer: bis zu 8 Spieler, 2 Spieler simultan

Viele Jahre lang blieben die Spiele von Epyx ohne ersthafte Konkurrenz. Zwar erschienen unzählige Sportspiele und -simulationen auf allen gängigen Heimcomputern, doch keines konnte in punkto Spielspaß mit Titeln wie World Games oder California Games mithalten. Electronic Arts, damals noch ein relativ junges Unternehmen in der Softwarebranche und ebenfalls in Kalifornien zuhause, nahm den Ball auf und legte bald nach der Veröffentlichung von California Games durch Epyx ein Multiplayer-Turnierspiel vor, das es in jeder Hinsicht mit dem Marktführer aufnehmen konnte.

Wie bei den Epyx-Spielen können bis zu acht Spieler gegeneinander antreten, zwei bei manchen Bewerben auch simultan. Die Auf-

machung wurde noch eine Spur verfeinert, und thematisch orientierte man sich bei Skate or Die! an California Games und griff den damals aktuellen Skateboard-Trend auf. Musikalisch wird gleich im Startbildschirm mehr geboten als bei Epyx, kein Geringerer als Rob Hubbard wurde für eine eingängige Titelmusik, deren gesampeltes Gitarrenriff vielen noch im Ohr ist, engagiert. Die Musik während der Bewerbe kann dann allerdings nicht mehr mithalten und bewegt sich auf dem Niveau der Epyx-Hintergrundmusik.

Per Knopfdruck landen wir im Hauptmenü des Spiels („Skate Shop"), wo wir die Farbe des Boards auswählen, die Highscores betrachten und zwischen Übungs- und Bewerbsmodus auswählen können.

Der erste Bewerb, Freestyle, ähnelt dem Halfpipe-Skaten von California Games. Spektakuläre Sprünge bringen Punkte ein, Fehler führen aber zu oft spektakulären Stürzen. High Jump, die zweite Disziplin, findet auf der selben Rampe statt wie Freestyle, allerdings kommt es hier nicht auf elegante und waghalsige Sprünge an, es zählt nur die Höhe. Dafür nimmt man Schwung auf und rüttelt dann den Joystick, um einen guten Sprung hinzulegen. Wenn man nicht rechtzeitig den Feuerknopf drückt, landet man wieder auf der Nase.

Jam ist ein spannendes Wettrennen gegen einen menschlichen oder computergesteuerten Gegner, bei dem beide Kontrahenten

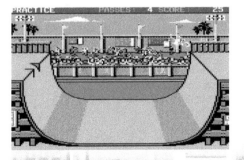

gleichzeitig auf der Piste stehen und sich mit Tritten und Schlägen gegenseitig vom Board stoßen können, wenn sie sich zu nahe kommen. Zahlreiche Hindernisse sorgen dafür, dass man sich nicht nur auf den Gegner konzentrieren kann.

In Race, einem Skateboard-Rennen, das aus der Luft betrachtet wird, muss ein Parcours in möglichst kurzer Zeit durchquert werden. Der Hintergrund scrollt von unten nach oben, die grafische Darstellung ist nicht auf höchstem Niveau. Dafür gibt es auf der kurzen Strecke jede Menge Abkürzungen, die aber schwieriger zu meistern sind als die offensichtliche Streckenführung. Es kommt also auf das richtige Taktieren an, wenn man eine schnelle Zeit hinlegen möchte.

Pool Joust ist eine neuzeitliche Version des mittelalterlichen Turniers zu Pferd, bei dem sich zwei Spieler auf Skateboards, einer bewaffnet mit einem Paddel, in einem Pool gegenübertreten. Der mit dem Paddel ausgerüstete Spieler muss seinen Konkurrenten zu Fall bringen, der durch geschicktes Ausweichen selbst in den Besitz der gepolsterten Waffe gelangen kann. Eine seltsames, aber unterhaltsames Spielchen, welches das Skateboard-Feuerwerk abrundet.

Disziplinen:

- Freestyle
- High Jump
- Race
- Jam
- Pool Joust

Fazit

Der Angriff von Electronic Arts auf den Epyx-Thron ist durchaus gelungen, auch wenn sich Skate or Die! von den Leichtathletik-Disziplinen, die ursprünglich das Maß aller Dinge bei Sportsimulationen waren, weit entfernt hat. Im Gegensatz zu World Games und California

Games fühlt sich das technisch perfekt umgesetzte Skate or Die! aber eher wie eine Sammlung von Minispielen an.

Highland Games

Supernova Software, 1987
Multiplayer: 1 oder 2 Spieler

Kein Vielspieler-Vergnügen, kein Titelbild, keine Disziplinenauswahl: Nur „Scotland the Brave", gespielt auf dem SID-Dudelsack, zeigt an, dass die Highland Games begonnen haben. Männer im Kilt, nett animiert, wenn auch nicht auf Epyx-Niveau, absolvieren eine Reihe von Hochland-Sportarten wie Hammerwerfen oder den aus World Games bekannten Baumstammwurf. Immerhin können zwei Spieler antreten, wodurch sich der wenig bekannte Titel für diese Auswahl qualifiziert hat.

Ein großer Erfolg scheint das Spiel nicht gewesen zu sein, denn „Supernova Software"

hat sonst keinen Titel für den C64 veröffentlicht und der bzw. die Programmierer haben es vorgezogen, anonym zu bleiben. Kein Wunder, denn trotz einiger brauchbarer Ansätze ist das Spielerlebnis so karg wie die Vegetation der schottischen Highlands.

Disziplinen:

- Hammerwerfen
- Weitsprung
- Baumstammwurf
- Kugelstoßen
- Diskus

Fazit

Die Bewerbe der Highland Games laufen beinahe im Zeitlupentempo ab, viel Spannung kommt dabei nicht auf. Es gibt keine Zeremonie, kein Auswahlmenü, keine bzw. äußerst sparsam animierte Hintergründe und keine Duelle gegeneinander.

Winter Olympiad 88

Tynesoft, 1988
Multiplayer: bis zu 6 Spieler, 2 Spieler simultan

Winter Olympiad, auch bekannt als Winter Challenge, ist der Versuch des Softwarehauses Tynesoft, sonst eher auf britische Heimcomputer spezialisiert, gezielt Konkurrenzprodukte zu den Epyx-Sportspielen auf dem Markt zu

platzieren – allerdings mit weniger Erfolg als Electronic Arts. Neben Winter Olympiad gibt es von Tynesoft auch noch European Games, Summer Olympiad/Challenge 88 und die etwas bekannteren Circus Games.

Winter Olympiad ist ein ziemlich dreister Versuch, Winter Games abzukupfern. Sowohl die Präsentation (Eröffnungszeremonie, Auswahl des Landes via Flaggen) als auch der Spielablauf entsprechen weitgehend der Vorlage, wobei die Grafik des drei Jahre jüngeren Spiels durchaus edel ist und die Titelmusik mit Digi-Drums aufwarten kann. Leider ist hier im Mehrspielermodus kein direktes Duell möglich, die Spieler müssen der Reihe nach antreten – allerdings sind, anders als bei Epyx, auch keine Bewerbe vertreten, die dies zulassen würden.

Der Schwachpunkt des Spiels ist die Steuerung, die bei Weitem nicht so durchdacht ist wie bei Winter Games. Auch die 3D-Einlagen sind nicht gut gelungen, sie dienen eher der Effekthascherei und machen den Abfahrtslauf beinahe unspielbar. Dass die Abfahrtsstrecke in einem dicht bewachsenen Waldstück liegt und der Sieg über das geschickte Überspringen von Baumstämmen führt, macht das Spiel auch nicht realistischer, sondern macht verständlich, warum Epyx keine Alpin-Disziplinen in seinen Winter Games berücksichtigt hat.

Disziplinen:

- Schispringen
- Abfahrtslauf
- Biathlon
- Slalom
- Bob

Fazit

Präsentation und Grafik stimmen bei diesem Spiel, 1988 war die C64-Pixelkunst schon ziemlich ausgereift. Spielerisch ist Winter Olympiad nicht mehr als ein Winter-Games-Plagiat – das im direkten Vergleich mit dem Original keine besonders gute Figur macht.

The Games – Winter Edition

Electronic Arts, 1988
Multiplayer: bis zu 8 Spieler, 2 Spieler simultan

Nachdem 1988 Bewegung in den Markt gekommen war und gleich mehrere Firmen Konkurrenzprodukte zu den noch immer populären älteren Epyx-Titeln vorlegten, entschied sich Epyx dazu, das Feld nicht anderen zu überlassen, sondern selbst noch einmal eins draufzusetzen und eine rundum erneuerte Version der Winter- bzw. Sommerspiele vorzulegen.

Im Herbst 1988 machte The Games – Winter Edition den Anfang. Schon der Umfang ist ein Statement: nicht weniger als drei Diskettenseiten umfasst das Spektakel, und gleich nach dem Start sieht und hört man, dass wir es hier

mit einem ambitionierten Spiel zu tun haben: Ein eindrucksvolles Titelbild, ein animiertes Logo, eine deutlich spannendere Musik machen neugierig, welche Sportarten diesmal auf uns warten. Es soll nicht unerwähnt bleiben, dass von diesem Titel eine Tape-Version existiert, die jedoch aufgrund der langen Ladezeiten von vielen als unspielbar betrachtet wird.

Wie gewohnt können wieder acht Spieler mitmachen, davon bei bestimmten Sportarten zwei gleichzeitig. Das Menü sieht aus wie bei den alten Titeln, aber die Nationenauswahl wurde neu gestaltet. Die Länder sind unverändert geblieben, die Hymnen klingen aber langsamer und feierlicher. Die UdSSR hat noch immer die falsche Melodie und neue Länder sind nicht dazugekommen – warum bei Winterspielen Mexiko am Start ist, nicht aber Schweden, bleibt ein Rätsel.

Den Auftakt macht eine in Deutschland und Österreich populäre Disziplin, das Rodeln. Die

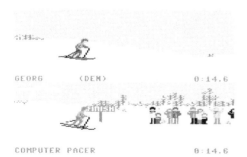

PRESS BUTTON TO VIEW SCORE

Steuerung ist wieder einmal gut gelungen, es wird eine Vielzahl von Bewegungsabläufen beim Start und während des Rennens simuliert. Im Unterschied zum Bobfahren in Winter Games stehen gleich vier Kurse zur Auswahl. Der Bewerb ist nicht in 3D gehalten, die Landschaft scrollt auch nicht, stattdessen wird der Bildschirm abwechselnd von links nach rechts bzw. von rechts nach links durchquert, danach schaltet der Hintergrund um. Dies geschieht ohne Verzögerung. Nur mit viel Übung und Präzision kann eine schnelle Zeit herausgefahren werden.

Es folgt Cross Country, ein Langlaufbewerb. Zur Wahl stehen Strecken unterschiedlicher Länge (1, 2 und 5 km). Wie beim Biathlon in Winter Games führt der Weg zum Erfolg nicht über ein Rütteln des Joysticks, sondern über rhythmische, dosierte Bewegungen. Beim Langlauf können zwei menschliche Spieler gegeneinander antreten, wobei aufgrund eines Bugs die Zeiten der beiden Spieler vertauscht werden. Da hilft es nur, die Joysticks zu vertauschen. Diese Sportart ist hervorragend gelungen und motiviert zur Rekordjagd.

Ziemlich mutig war die Entscheidung, den Eiskunstlauf wieder ins Programm aufzunehmen. Der Ablauf ist völlig neu gestaltet: Diesmal ist die Athletin als Silhouette dargestellt und am oberen Bildschirmbereich gibt es eine Leiste mit acht Figuren, die einfach per Joystick zu einem von sieben wählbaren Musikstü-

cken passend ausgewählt werden. So wird die Choreografie quasi vorprogrammiert, bevor sie dann im Stadion aufgeführt wird, wobei noch Eingriffe möglich und nötig sind. Das alles ist zwar erstaunlich aufwendig und originell umgesetzt, aber nach ein paar Durchläufen genauso wenig unterhaltsam wie die alte Fassung. Eindrucksvoll ist jedenfalls die grafische Umsetzung mit einer der besten Animationen, die je für den C64 entworfen wurden.

Auch das Schispringen hatten wir schon in Winter Games. Diesmal findet der Anlauf jedoch in eindrucksvollem 3D statt, die Flugphase ist dann aber wie in Winter Games zweidimensional dargestellt. Die Steuerung entspricht im Prinzip der alten Version und ist nicht einfach zu beherrschen.

Wie bei World Games gibt es nun auch einen Torlauf zu bestreiten. Der Winter-Edition-Slalom ist jedoch von Grund auf neu programmiert und findet als Parallelbewerb statt. Vor dem Start können zwei unterschiedliche Lauflängen und der Abstand der Stangen gewählt werden. Grafisch ist der Slalom etwas aus der Zeit gefallen, da das Geschehen im Vergleich zu den anderen Disziplinen altbacken wirkt, der Unterhaltungswert stimmt jedoch.

Als Nächstes steht der Eisschnelllauf auf dem Programm, eine weitere Disziplin, die es schon in Winter Games gegeben hat. Zur Auswahl stehen vier Distanzen. Der Bildschirm zeigt das Stadion, wobei die beiden Läufer nur

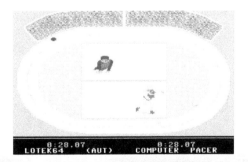

als Punkte dargestellt werden. Der Wechsel der Bahnen ist erkennbar. In der Mitte werden die Läufer in „Großaufnahme" dargestellt. Die Animation der Sportler ist sehr schön und flüssig. Wie beim Original kommt es auf rhythmische Bewegungen an, sonst ist ein Sturz die Folge.

Die letzte Disziplin ist der Abfahrtslauf, den man in Winter Games vermisst hatte. Vor Beginn dürfen Kameras gesetzt werden. Das Rennen verläuft dann abwechselnd in 3D und in Seitenansicht und ist äußerst rasant. Nur mit viel Übung lässt sich ein kompletter Lauf überstehen. Dass alpine Disziplinen schwierig auf 8-Bit-Hardware umzusetzen sind, zeigen zahlreiche missratene Versuche. Dieser hier ist einer der gelungensten.

Abgerundet wird ein – nicht nur durch die häufigen Diskettenwechsel – üblicherweise langer Bewerb wie schon bei den Vorgängern durch eine feierliche Abschlusszeremonie, deren Höhepunkt ein Feuerwerk darstellt.

Disziplinen:
- Rodeln
- Langlaufen
- Eiskunstlauf
- Schispringen
- Slalom
- Eisschnelllauf
- Abfahrtslauf

Fazit
Mit The Games – Winter Edition holte sich Epyx die Pole Position im Bereich der Sportspiele noch einmal zurück. Mit der „Street Sports"-Reihe unterstrich Epyx gleichzeitig den Führungsanspruch in diesem Genre, aber Electronic Arts war auf der Überholspur und hatte letztendlich den längeren Atem. Das umfangreiche und aufwendige Spiel zeigt, was 1988 auf dem C64 noch machbar war.

The Games – Summer Edition
Electronic Arts, 1988
Multiplayer: bis zu 8 Spieler, 2 Spieler simultan

Wenige Monate nach der Winter Edition legte Epyx ein Remake seiner beiden Sommerspiele nach. Sie umfasst ebenfalls drei Diskettenseiten und eine Disziplin mehr als die Winterspiele. Diesmal sind mehr neue Sportarten vertreten, aus den beiden klassischen Summer Games sind nur der Stabhochsprung, das Radrennen und das Turmspringen erhalten geblieben, natürlich in vollständig neuer Form.

Auch die Präsentation ist diesmal neu gestaltet und deutlich an Skate or Die! angelehnt. Mit einem Pointer-Sprite werden die Bewerbe ausgewählt, wobei man sich hier darauf verlassen muss, dass sich die Icons selbst erklären. Erläuternde Texte wie beim EA-Spiel sucht man hier vergebens. Neu ist auch, dass die Namen der Teilnehmer gespeichert werden. Das ist praktisch, wenn dieselbe Gruppe öfter ein Turnier veranstaltet. Per Funktionstaste kann die Liste aber jederzeit geändert werden. Eine weitere Neuerung ist der Wegfall der Joystick-Einstellung im Hauptmenü. Steht nur einer zur Verfügung, kann direkt vor Beginn der Disziplinen, die simultan gespielt werden können, ausgewählt werden, ob mit einem oder zwei Joysticks gespielt wird.

Das Turmspringen ist die erste Disziplin. Von einem Ein-Meter-Brett müssen drei an-

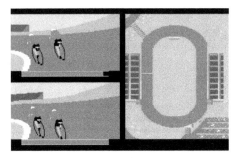
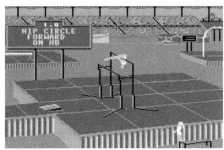

sprechende Sprünge gezeigt werden, was ähnlich wie bei Summer Games funktioniert. Grafik und Animation sind gut gelungen, aber kein Wunderwerk.

Nun folgt das Rad-Bahnrennen, das es in Summer Games in grafisch gänzlich anderer Aufmachung bereits gab. Die Neuauflage ist grafisch sehr interessant und nach dem Vorbild des Eisschnelllaufs in der Winter Edition gestaltet: Rechts ist die Bahn von oben zu sehen, die beiden Räder werden nur als Punkte dargestellt. Links gibt es zwei Fenster, die jeweils beide Radfahrer aus deren Perspektive in 3D zeigen. Das Rennen ist relativ realistisch umgesetzt: Wer gleich voll durchstartet, dem wird die Kraft ausgehen. Deshalb will ein Rennen taktisch angelegt werden, unter Ausnutzung des Windschattens wartet man am besten knapp hinter dem Gegner ab und startet in der letzten Runde dann voll durch.

Der Stufenbarren ist einer der grafisch und spielerisch interessantesten Bewerbe aller Epyx-Spiele. Die Steuerung ist ohne die Anleitung kaum nachvollziehbar, so vielfältig sind die Möglichkeiten am Barren. Die Animation der Turnerin ist edel, ein wahrer Augenschmaus. Ähnlich ist das Ringturnen gestaltet: Die wunderschönen Animationen erschließen sich durch die durchdachte Steuerung bald in ihrer vollen Pracht.

Ebenfalls prächtig animiert ist das Hammerwerfen, bei dem eine Reihe von Gags eingebaut sind, wenn der Wurf nicht nach Plan verläuft. Eine klassische Disziplin, detailreich umgesetzt, die zur Rekordjagd einlädt.

Danach geht es mit dem Stabhochsprung ins Finale. Analog zum Schisprung in der Winter Edition erfolgt der Anlauf nun in 3D, während der Sprung selbst wie schon bei Summer Games aus der Seitenansicht erfolgt. Die Neu-

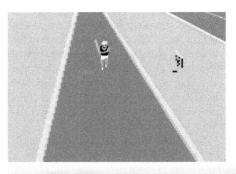

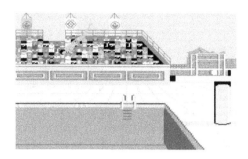

(und vielleicht auch spielerisch) betrachtet die älteren Epyx-Titel hinter sich lässt, ist sie nur wenigen in so lebhafter Erinnerung wie California Games oder World Games, die sich noch nicht an wesentlich leistungsfähigeren Computern und Konsolen messen lassen mussten.

Caveman Ugh-Lympics

Electronic Arts, 1988
Multiplayer: bis zu 6 Spieler, 2 Spieler simultan

auflage erlaubt mehr Details, aber schon die in Summer Games aus dem Jahr 1984 enthaltene Version ist vorbildlich umgesetzt und bereitet ähnlich viel Vergnügen wie die modernisierte Fassung.

Den Abschluss bildet das Bogenschießen. In 90 Sekunden müssen drei Schüsse durchgeführt werden, wobei ein Auge stets auf den Windsack gerichtet sein sollte. Es bleibt genug Zeit, um eine Flaute abzuwarten, damit der Pfeil nicht abseits der Scheibe landet.

Sind alle Sportarten durchgespielt, folgt wie gewohnt eine Abschlusszeremonie mit Medaillenspiegel. Das Feuerwerk entfällt aber.

Disziplinen:

- Turmspringen
- Verfolgungs-Bahnradrennen
- Bogenschießen
- Stufenbarren
- Ringturnen
- Hammerwerfen
- Hürdenlauf
- Stabhochsprung

Fazit

The Games: Summer Edition ist sicher das technisch ausgefeilteste und anspruchsvollste Multiplayer-Sportspiel, das man auf dem C64 finden kann. Entstanden ist es in einer Zeit, als 16-Bit-Plattformen den C64 langsam ablösten. Auch wenn die The-Games-Reihe technisch

Die Antwort von Electronic Arts auf die neuen Sportspiele von Epyx fiel überraschend aus: Statt einer eigenen Version der olympischen Winter- oder Sommerspiele präsentierte der Hauptkonkurrent von Epyx ein Sportspektakel, das grafisch und spielerisch mit Leichtigkeit mithalten konnte, aber inhaltlich in einer anderen Liga spielte – nämlich in der der Höhlenmenschen.

Das Spiel parodiert auf geniale Weise die Epyx-Games, von der Eröffnungszeremonie bis zum Ablauf der Sportarten. Caveman Ugh-Lympics ist aber auch ein großartiges und humorvolles Spiel, das auf vier Diskettenseiten sechs „Sportarten" bietet, die seit der Altsteinzeit nicht mehr ausgetragen wurden.

Zu Beginn können sich die bis zu sechs Mitspieler einen Urmenschen (Glunk, Crudla, Thag, Ugha, Gronk und Vincent) aussuchen. Jeder hat in einer Disziplin besondere Stärken,

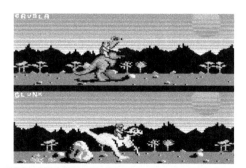

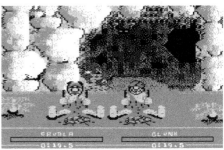

Gronk sogar in allen, während Vincent nirgends brilliert.

Im ersten Bewerb muss der Partner, ähnlich wie beim Hammerwerfen, möglichst weit weggeschleudert werden. Es folgt das Dino-Rennen, bei dem zwei Reiter gegeneinander antreten können. Die Animation der großen Dinosaurier ist hervorragend gelungen. Die dritte Disziplin gehört zu den spannendsten Bewerben der Ugh-Lympics. Wer im richtigen Rhythmus den Stab reibt, Luft in die Glut bläst und dabei gelegentlich dem Gegenspieler einen kleinen Schlag auf den Kopf verpasst, wird Meister im Feuermachen.

Spannend ist auch das Säbelzahntigerrennen, bei dem man vor der besagten Bestie davonlaufen muss. Der Bewerb, den man in der oberen Bildschirmhälfte aus Sicht des flüchtenden Urmenschen und unten aus Perspektive des Säbelzahltigers verfolgen kann,

ist nervenzerfetzend. Da zwei Menschen gleichzeitig antreten, kann jeder Spieler versuchen, den Konkurrenten in Richtung Tiger zu stoßen, um dadurch die eigenen Überlebenschancen zu erhöhen. Besonderes Highlight ist schließlich der Dino-Stabhochsprung, der einiger Übung bedarf.

Auch wenn sich Caveman Ugh-Lympics selbst nicht ganz ernst nimmt, ist es ein großartiges Partyspiel, das auch ohne die zahlreichen Epyx-Referenzen funktioniert.

Disziplinen:
- Mate Toss (Partnerweitwurf)
- Saber Race (Säbelzahntigerrennen)
- Fire Making (Feuer machen)
- Clubbing (Keulenkampf)
- Dino Race (Dino-Rennen)
- Dino Vault (Dino-Stabhochsprung)

Fazit

Die Caveman Ugh-Lympics sind das Far Cry Primal des 20. Jahrhunderts bzw. die Summer Games der Altsteinzeit. Wer es nie auf einer C64-Party gespielt hat, sollte das schleunigst nachholen. Man kann es auch als Abgesang auf die Ära der klassischen Sportspiele betrachten.

Ski or Die

Electronic Arts, 1990
Multiplayer: bis zu 6 Spieler, 2 Spieler simultan

Mit Ski or Die geht eine Ära zu Ende. Electronic Arts veröffentlichte 1990 eine an Skate or Die! angelehnte Sammlung von Wintersportarten, die sich an Epyx' klassischen Winter Games von 1985 orientieren.

Aufmachung und Steuerung stammen von Skate or Die!, auch die Disziplinen sind eine Mischung aus „echten" Sportarten und Spaßbewerben. Die Schneeballschlacht ist lieblos umgesetzt, die Acro Aerials eine Kopie des „Hot Dog"-Bewerbs aus Winter Games. Der Downhill Blitz ist eine Art Abfahrtslauf auf dem Snowboard in einer endlosen Halfpipe, bei der Hindernisse übersprungen werden müssen. Keine schlechte Idee, aber Animation und 3D-Grafik sind lieblos geraten. Der Schi-Abfahrtslauf ist noch wesentlich schauriger und sieht aus wie ein Billigspiel aus dem Jahr 1983. Steuerung und Kollisionsabfrage

sind misslungen. Etwas mehr Spaß macht das absurde Reifenrennen zweier Spieler auf einer Buckelpiste.

Disziplinen:

- Schneeballschlacht
- Freestyle-Schi-Kunstspringen
- Snowboard-Abfahrt
- Schi-Abfahrt
- Reifenrennen

Fazit

Ski or Die ist das letzte einigermaßen ambitionierte, kommerzielle Multiplayer-Sportspiel, das für den C64 erschienen ist. Es leidet an einer Reihe von Mängeln und bleibt trotz äußerlicher Ähnlichkeiten weit hinter Skate or Die! zurück. ∎

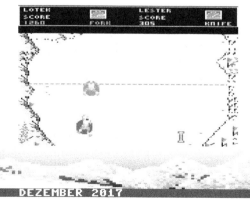

Neue Spiele für C64, NES und Co.

Angespielt

Immer wieder sitze ich am Rechner und weiß nichts mit meiner Zeit anzufangen. Da wäre es doch wunderbar, ein kleines kurzes Spiel zu haben, mit dem man sich mal etwas mehr, mal etwas weniger die Zeit vertreiben kann. Im Folgenden habe ich darum mal ein paar neue Spiele für verschiedene Systeme, die genau diesen Zweck erfüllen, zusammengestellt. Die Bandbreite geht von Indie-Games für den Windows-PC über C64-Hacks bis hin zu Homebrew für Nintendos Game Boy.

von Steffen Große Coosmann

FROGS (C64)

Multiplayerspiele auf dem C64 sind recht selten. Dr. Wuro verschafft dort Abhilfe und präsentiert mit Frogs ein Spiel, das ein interessanter Mix aus Bomberman und Frogger (siehe Videogame Hero auf der Rückseite des Heftes) darstellt. Den entsprechenden Adapter vorausgesetzt, hüpft man mit maximal vier Personen von Feld zu Feld und versucht, die Mitspielenden mit der Zunge ins Wasser zu stoßen. Gerade mit mehr als zwei Spielern macht Frogs richtig viel Spaß. Dazu kommt eine tolle grafische sowie musikalische Präsentation. Das Spiel ist grundsätzlich Freewa-

re und somit kostenlos. Eine physische Kopie gibt es auf der Homepage zum Spiel.
http://frogs.drwuro.com/

Castlevania 5 (NES)

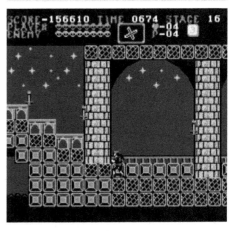

Dieser inoffizielle fünfte Teil der Reihe ist ein recht netter ROM-Hack des ersten Castlevania für das NES. Ich habe schon auch bessere ROM-Hacks gesehen, und – na ja – einen bereits guten und herausfordernden Klassiker

mit neuen Grafiken, Levels und Hintergrund-
musiken auszustatten, klingt auf dem Papier
ganz gut. Und nicht mehr und nicht weniger
macht Castlevania 5, das ist auch gut so.
www.romhacking.net/hacks/3700/

Giana Sisters 30 Demo (C64)

Zwar haben die Giana Sisters ein kleines
bisschen den Ruf, eine dreiste Kopie der Ma-
rio-Brüder zu sein. In den letzten 30 Jahren
haben sie dennoch vollkommen eigenständig
Kultstatus erlangt. Vor allem, weil das Spiel
trotz der nicht zu verleugnenden Ähnlichkeiten zur japanischen Vorlage technisch neue
Maßstäbe auf dem Brotkasten setzte und trotz
der angeblichen Fehde zu Nintendo auch Fort-
setzungen auf deren Konsolen spendiert bekam. Zum 30. Geburtstag wird es nun eine Re-
mix-Version des Originals mit 30 neuen Levels
und zahlreichen anderen Verbesserungen geben. Eine erste Demoversion erschien bereits
im September auf der DoReCo. Diese enthält
zumindest schon mal zehn Abschnitte, die es
nicht in die finale Version geschafft haben, und
macht so sehr viel Lust auf das fertige Spiel.
http://csdb.dk/release/?id=158926

Tombstones (C64)

Tombstones für den C64 ist ein Reaktionsspiel
im Westernstil. Zwei Cowboys stehen sich im
Duell gegenüber. Um den gegnerischen Pisto-

lero niederzustrecken, muss man innerhalb
des Zeitlimits die angezeigte Taste drücken.
Grafisch ist es hübsch anzuschauen. Und irgendwann setzt einfach ein gewisser Ehrgeiz
ein, wenn man nämlich nach einigen erfolgreichen Runden aufgrund fehlender Reaktions-
schnelle dann doch unterliegt.
http://csdb.dk/release/?id=158906

Galencia (C64)

Ich bin ja unter anderem mit dem Amiga meines Vaters aufgewachsen und habe dort Runde
um Runde Galaga gespielt. Im Gegensatz zu
anderen Horizontal- oder Vertikal-Shootern,
die ich so kannte, beschränkte sich die Action
auf einen einzelnen Bildschirm und scrollte
nicht über eine Landschaft. Ganz besonders
war ich aber von den Gegnern dieses Shmups
fasziniert. Dem eigenen Raumschiff stellten

sich monströse Weltrauminsekten in den Weg, die in schwungvollen Flugmanövern über den Bildschirm glitten. Dabei war immer klar, welchem Bewegungsmuster die einzelnen Käfer folgen würden. Die Schwierigkeit des Spiels entstand erst daraus, bei der Kombination der zahlreichen verschiedenen Insektoiden den Überblick zu behalten und nicht achtlos in ein Projektil oder in einen herunterstürmenden Weltraumkrabbler zu stoßen. Galencia von Jason Aldred erzeugt bei mir exakt die gleiche Faszination. Die verschiedenen Gegnertypen sind detailliert animiert und haben zudem mehrere Transformationen mit unterschiedlichen Bewegungsmustern. Allerdings fällt es gelegentlich schwer, die Projektile der Gegner vom schnell scrollenden Weltraum-Hintergrund zu unterscheiden. Der Hintergrund kann in den Optionen allerdings auch in der Farbe verändert werden, was diesen Makel wieder ausgleicht. Dazu gibt es opulente Zwischensequenzen. Grafisch ist das Spiel einfach eine Augenweide. Der Soundtrack von Saul Cross hat absolutes Ohrwurmpotenzial und läuft, während ich diese Zeilen schreibe, in Dauerschleife im Hintergrund. Das Spiel ist sowohl auf Disk und Kassette, aber auch als Cartridge erhältlich. Genauere Infos und Preise liefert der Protovision Shop.
www.protovision.games

Indivisible (NES)

Demakes sind eine feine Sache. Spiele, die eigentlich für leistungsstarke Spielplattformen gedacht sind, werden so lange heruntergedampft, bis nur noch ihre Essenz übrigbleibt. Meist erstrahlen die grafisch üppigsten Spiele dann nur noch im Pixellook, machen aber dennoch genau so viel Spaß. Indivisible ist ein gutes Beispiel dafür. In diesem Action-Platformer spielt man Ajna, die in vergessenen Tempeln ihr Haustier Roti sucht. Zunächst kann sie nur hüpfen und den Monstern mit ihren Fäusten eins auf die Rübe geben. Schnell findet man aber eine Axt, die nicht nur für Angriffe gedacht ist. Zwar ist Ajna eine gute Akrobatin und kann von Wand zu Wand springen. Mit der Axt kann sie sich nun allerdings auch an den Wänden einhaken und so bisher unerreichbare Gebiete erklimmen. Daneben sind damit auch Ranken zerstörbar, die Wege versperren. Das Spiel bietet zudem Bosskämpfe, die an die guten alten NES-Zeiten erinnern. Ohne das Lernen der Bewegungsabläufe seiner Bossgegner wird man hier wenig Erfolg haben. Genaue Positionierung und schnelle Reaktionen sind hier gefragt. Grafisch ist das Spiel wunderhübsch und holt auch noch das Letzte aus dem NES heraus.
kasumi.itch.io/indivisible

Hermes (Multiplattform)

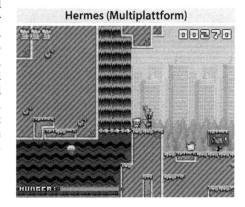

Mit Hermes präsentiert der Entwickler Retroguru ein einerseits simples, aber darum umso zugänglicheres Hüpfspiel. Dem titelgebenden Koch Hermes ist das letzte Hühnchen entlaufen, das es nun zu fangen gilt. In bester Mario-Manier springt und sammelt man sich nun durch wunderbar bunt-pixelige Level. Die Jagd nach dem Chicken-Dinner zehrt aber an Hermes' Hunger und so muss er regelmäßig Donuts essen. Auch der Kontakt mit Gegnern, die man nur zum Teil mit einem gezielten Sprung erledigen kann, leert diese Leiste. Gegessene Donuts muss man dann auch noch regelmäßig zu stillen Örtchen bringen, die gleichzeitig als Checkpoints dienen. Der Soundtrack von Triace und Vedder (triacemusic.bandcamp. com) stammt komplett vom Amiga und ist im MOD-Format gehalten. Die MODs gibt es für Interessierte sogar zum Soundtrack dazu. Das Homebrew-Spiel erschien für sehr viele Plattformen, darunter beispielsweise PPC-Amiga, Android, Linux, MacOS, Sonys PSP sowie für die Nintendo-Konsolen 3DS, Game Cube und Wii. Eine genaue Auflistung gibt es auf der Seite zum Spiel. Dort kann man für 15 Euro auch eine physische Kopie erwerben, die den Dreamcast-Port sowie einige andere Versionen plus den Soundtrack als Audio-CD plus Bonusmaterial enthält.
www.retroguru.com/hermes

Everything is going to be OK
(Windows, Mac)

Dass Computer nicht nur dazu verwendet werden können, Tabellenkalkulation auszuführen oder Serienbriefe zu schreiben, dürfte hinlänglich bekannt sein. Durch ihre multimedialen Möglichkeiten sind sie seit jeher dazu in der Lage, Inhalte auf verschiedenste Arten zu präsentieren. Dieses eigentlich als Zine gedachte interaktive Kunstwerk nutzt genau das. „Everything is going to be OK" beschäftigt sich vorrangig mit dem Thema Depressionen

und Angststörung und mit dem Problem der fehlenden sozialen Anpassung. Hauptfiguren sind niedliche Hasen und andere Kreaturen, die allesamt ihre eigenen kleinen Probleme haben. Wie interagiere ich mit anderen? Wie spreche ich mit Leuten, um sie nicht von mir abzuschrecken? Wie kommuniziere ich meine Ängste und Unsicherheiten? Auf den ersten Blick wirkt die Präsentation des „Spiels" abschreckend. Grelle, flackernde Farben im Hintergrund machen den Anblick im ersten Moment durchaus zur Herausforderung. Klickt man auf eines der wackeligen Bilder wird man in verschiedenste Minispiele und andere interaktive Situationen geworfen. So bugsiert man die Häschen durch seltsam fremd wirkende Monster hindurch, mit denen man sich vergeblich versucht anzufreunden. Oder man komponiert ein skurril klingendes Lied aus zufälligen Geräuschen. Oder chattet mit

einem verblüffend redegewandten Bot. Dabei passieren den wahrlich süßen Figuren die allerschlimmsten Dinge, die sie aber meistens mit einem „Das wird schon" weglächeln. Immer wieder wird der Graben zwischen der eigentlich grausamen Situation und dem fröhlichen Äußeren der kleinen Häschen angesprochen. Denn obwohl es den Figuren merklich nicht gut geht, versuchen sie nach außen fröhlich und gelassen zu wirken. Das spielt vor allem auf die gesellschaftlichen Erwartungen an, mit denen sich Menschen mit psychischen Erkrankungen konfrontiert sehen. Und auch das Thema soziale Netzwerke wird angesprochen. Ein Segment beschäftigt sich beispielsweise mit dem Phänomen, dass je schlechter es einer Person geht, immer mehr Leute dabei zugucken wollen, aber nicht helfend tätig werden. „Everything is going to be OK" ist sperrig, laut und verzerrt, in vielen Fällen beängstigend. Im Großen und Ganzen erinnert das Design dieses Multimedia-Projektes an die Frühzeit des Internets mit blinkenden, animierten GIFs und möglichst vielen interaktiven Spielereien. Menschen mit fotosensitiver Epilepsie und psychischen Störungen oder Krankheiten sollten vorsichtig an die sehr detailliert gezeigten Problemsituationen herangehen oder sich ganz von diesem Spiel fernhalten. Dabei ist die Botschaft ganz klar: Wenn es dir schlecht geht, ist es auch OK.

alienmelon.itch.io/everything-is-going-to-be-ok

Plug Me (Windows, Flash)

Im Rahmen des 39. Ludum Dare entstand dieses interessante Hüpfspiel mit Puzzle-Faktor. Die pixelige Spielfigur trägt einen Stecker auf dem Rücken, den es zum Erreichen des Levelziels in eine Steckdose zu stecken gilt. Das muss man wie so oft schaffen, bevor der Zeitbalken abgelaufen ist. Das Besondere: Der Zeitbalken ist ein begehbares Element des Spiels und so muss man oft warten, bis dieser

abgenommen hat, um bestimmte Bereiche der nur einen Bildschirm großen Abschnitte betreten zu können. Ebenso dient er nicht selten als Plattform, die man rechtzeitig erreichen muss, sonst kommt man nicht weiter voran. Die Idee ist einfach, bietet im Kontext eines Hüpfspiels aber ein besonderes Spannungs- und Puzzle-Element. Nach 15 halbwegs knackigen Leveln ist der Umfang dieses Titels leider schon erschöpft. Für die 48 Stunden, die die Teilnehmenden innerhalb des Ludum Dares zur Verfügung haben, aber schon beachtlich.

ldjam.com/events/ludum-dare/39/plug-me-1

Ghost Hospital (Windows, Mac, Linux)

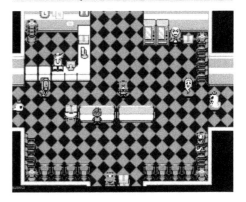

Die 12-jährige Robin wacht plötzlich in einem Krankenhaus für Geister auf, fühlt sich aber noch relativ lebendig. Vom diensthabenden Geisterarzt Dr. Poe bekommt sie dies auch sofort bestätigt. Dieser verspricht ihr auch eine Lösung zu finden, sie wieder in die Welt der Lebenden zu bringen. Nun darf man etwas in den Fluren und Räumen des Krankenhauses herumlaufen und trifft dabei auf einige weitere Charaktere. Neben zahlreichen illustren Gespenstern und der bedrohlichen Leiterin des Krankenhauses lernt man auch den Jungen Jay kennen, den das gleiche Schicksal traf wie Robin. Zusammen suchen sie nun nach einem

Weg aus dem Krankenhaus heraus. Ghost Hospital ist mithilfe des RPG-Makers entstanden, was man besonders der Menüführung und dem Kampfsystem des Spiels noch gut ansieht. Allerdings benötigt das Spiel diese Tiefe nicht wirklich. Das Hauptaugenmerk liegt auch nicht auf der ziemlich kurzen Geschichte. Mehr als ein paar Krankenzimmer mit korrupten Geistern und den Aufenthaltsraum wird man in dem mit ca. 30 Minuten recht kurz geratenen Spiel nämlich nicht zu sehen bekommen. Zentraler Punkt ist die Hauptfigur Robin. Schon ganz zu Anfang spricht immer wieder eine vermutlich innere Stimme in leuchtend roter Schrift mit ihr. Diese Stimme macht sie nieder, zweifelt sie an, verängstigt sie. Robin hat eine Angststörung, die sie mehr als einmal versucht davon abzuhalten, ihr eigentliches Ziel zu erreichen. Besonders durch den linearen Spielablauf und das recht abrupte Ende wirkt Ghost Hospital eher wie das Tutorial eines längeren Titels. Dieser wird mit den letzten Buchstaben der Geschichte auch angedeutet. Eine etwas ausführlichere, auch gern episodenhafte Fortsetzung, die das RPG-Maker-Kampfsystem auch besser ausnutzt, wäre hier mein Zukunftswunsch.

spitblaze.itch.io/ghost-hospital

Lil' Satan's Cake Quest (Pico-8/Browser)

Das Abenteuer des kleinen Teufels erinnert sofort an Titel wie Ghouls'n'Ghosts und Gargoyle's Quest, spielt sich aber ein klein wenig anders. Ähnlich wie der Gargoyle Firebrand kann der kleine Pixelsatan Feuer spucken und ein bisschen springen. Allerdings ist es hier nicht möglich, sich schwebend zu bewegen. Hält man während des Sprungs die Schusstaste gedrückt, steht der Held dieses Spiels regungslos in der Luft und schießt weiter. Alle Gegner, die sich jetzt noch in der Schusslinie befinden, können getroffen werden. Man selbst ist allerdings den zahlreichen Projektilen der Gegner schutzlos ausgeliefert. So muss man die Flughöhe oft pixelgenau anpassen und im richtigen Moment immer wieder landen, um den Gegnermassen nicht zum Opfer zu fallen. Die verbleibende Energie der Gegner wird bei einem Treffer über ihren Köpfen angezeigt. Das verlangt zum Teil genaues Abwägen, ob man einen Treffer einsteckt, um einem Skelett den finalen Stoß zu geben, oder ob man doch noch mal in Deckung geht, um die eigene Energie zu schützen. Ein weiteres wichtiges Element sind die titelgebenden Kuchen. Für besiegte Gegner erhält man leckeres Gebäck, das einerseits die Gesundheit wieder auffüllt und Power-Ups enthalten kann, andererseits einen Zähler erhöht. Stirbt man, kostet dies ein paar Kuchenpunkte und man wird wieder an den Anfang des Levels gesetzt. Lil' Satan's Cake Quest ist ein schneller Plattformer mit Shooter-Elementen, der aufgrund der limitierten Leistung der Pico-8-Umgebung zwar grafisch keine riesige Innovation ist und auch musikalisch durchaus etwas mehr hätte leisten können. Das flotte Gameplay und die witzig gestalteten Gegner reißen aber einiges heraus.

guerragames.itch.io/lilsatancakequest
www.lexaloffle.com/bbs/?tid=29990 ∎

Musikecke

Hier spielt die Chipmusik

Welche aktuellen Releases lohnen den Download? Steffen
Große Coosmann nimmt euch die Suche nach guten Tunes ab!

Aethernaut – Summer Jamz

Knuffige Zuckerwatte-Tanzmusik mit reichlich Chipmusik-Sound und japanischem Gesang.
cheapbeatsmusic.bandcamp.com

EvilWezil – Forever Ago

Harte Gameboy-Beats gepaart mit Gitarren und souligem Gesang. Anders als der immer gleiche Techno, der sonst aus Nintendos grauem Spieljungen plärrt.
evilwezil.bandcamp.com

Bedford Level Experiment – The Agony and the Ecstasy of Steve Jobs: A Soundtrack

Entspannender Slow Rock mit Konzept: Das Leben von Apple-Mitbegründer und Computerpionier Steve Jobs als 40minütige Instrumentaloper.
bedfordlevelexperiment.bandcamp.com

Jellica – Retrotech Romance

Pluckernde Minimal-Beats aus dem C64. Frickelig, experimentell und verspielt. Dazu eine Demo für den guten alten Brotkasten unter csdb.dk/release/?id=158697 mit Code und Grafiken von 4-Mat, Ray Manta und iLKke.
jellica.bandcamp.com

MatthewSquibb – Orbit5

Verträumte Elektrocollagen im Synth-Klang, irgendwo zwischen Ambient und Trance angesiedelt.
matthewsquibb.bandcamp.com

Multistyle Labs – Modern Lover Classics

Als hätte man den C64 in einem Dance Club vergessen und zu lustig umherhüpfenden Beats überredet.
multistylelabs.bandcamp.com

SQUID.EXE – ADULTQUEST!!

Erwachsensein ist kein Spiel. Schon gar kein Videospiel. Aber was, wenn Verschlafen, Bewerbungsgespräche und Existenzängste doch Level in einem Retrogame wären? Dies ist der Soundtrack dazu!
squidexe.bandcamp.com / 5 $

Audio Sprite – 16 Bit Summer
audiosprite87.bandcamp.com

Chip Jockey – Dizzy the Adventurer – Nostalgia Mode
chipjockey.bandcamp.com

OverClocked ReMix – Speeding Towards Adventures: 25 Years of Sonic the Hedgehog
sonic25.ocremix.org

Auflösung des Quiz von Seite 21

In unserem eisigen Screenshot-Bilderrätsel auf Seite 21 galt es folgende Videospiele zu erraten:

1. Commander Keen, Episode I: Marooned on Mars (1990, MS-DOS)
2. Might & Magic VI: The Mandate of Heaven (1998, Microsoft Windows)
3. James Pond 2, Codename: RoboCod (1991, Amiga)
4. Winter Games (1985, C64)
5. The Empire Strikes Back (1992, NES)
6. Santa's Xmas Caper (1990, C64)

Juni 2017

27.06.2017

Quiz: Aus welchem Jahr stammen diese Pixel-art-Games?
http://derstandard.at/2000059663570/
Echter-Klassiker-Retro-Look-Pixelart-Games-Quiz

Eine Gigantische Videoprojektion feiert 30 Jahre „Final Fantasy"
http://derstandard.at/2000059862504/
Gigantische-Videoprojektion-feiert-30-Jahre-Final-Fantasy

Nintendo enthüllt SNES Mini mit 21 Kultspielen und unveröffentlichtem „Star Fox 2". Es gibt längere Kabel und größere Stückzahlen als beim NES Mini.
http://derstandard.at/2000059850870/
Nintendo-enthuellt-SNES-Mini-21-Kultspiele-Star-Fox-2
https://www.theverge.com/2017/6/26/15874154/nintendo-snes-classic-edition-release-date-price-announced
http://derstandard.at/2000059882525/
SNES-Mini-Laengere-Kabel-und-groessere-Stueckzahlen-als-beim-NES

20 Jahre IEEE 802.11: WLAN feiert Geburtstag.
https://www.heise.de/newsticker/meldung/20-Jahre-IEEE-802-11-WLAN-feiert-Geburtstag-3755843.html

28.06.2017

Ein Video zeichnet die Entwicklung von Grafik und Sound bei PC-Spielen anhand der Monkey-Island-Reihe nach:
https://www.youtube.com/watch?v=xo2_ksqxbiQ

29.06.2017

Der Quellcode von Spieleklassikern von Mag-

netic Scrolls wurde gerettet, indem die Sicherungsbänder bei 45° gebacken wurden.
https://www.golem.de/news/magnetic-scrolls-quellcode-von-spieleklassikern-im-ofen-gerettet-1706-128648.html
https://strandgames.com/blog/magnetic-scrolls-games-source-code-recovered
http://msmemorial.if-legends.org/memorial.php

Nach 25 Jahren veröffentlicht Hyperkin eine Maus für Super Nintendo.
http://derstandard.at/2000060535720/
Nach-25-Jahren-Hersteller-bringt-Maus-fuer-Super-Nintendo

Ein WLAN-Modem bringt Atari, Macintosh und Amiga ins Internet.
http://derstandard.at/2000060554377/
WLAN-Modem-bringt-Atari-Macintosh-und-Amiga-ins-Internet

06.07.2017

Musikvideo: Judith Holofernes feat. Maeckes

– Analogpunk 2.0
https://www.youtube.com/
watch?v=06wmI1sto34

Juli 2017

11.07.2017
Ein Quiz für Mario-Profis:
https://www.wisst-ihr-noch.de/quiz/bist-du-
ein-mario-experte-dann-teste-dein-wissen-
rund-um-mario-und-co-36327/

Ein Linux-Exploit, der mit 6502-Code arbeitet:
https://hackaday.com/2016/11/15/a-linux-
exploit-that-uses-6502-code/

12.07.2017
Das 1998 erschienene „Half-Life" erhält neuen
Patch.
http://derstandard.at/2000061171898/19-
Jahre-nach-Marktstart-Half-Life-erhaelt-
neuen-Patch

Enigma-Chiffriermaschine der deutschen
Wehrmacht wurde für 45.000 Euro versteigert.
http://derstandard.at/2000061214252-2634/
Chiffriermaschine-der-deutschen-Wehrmacht-
versteigert

Die offiziell nie verkaufte PAL-Version eines
EA-Spiels für Sega Mega Drive wurde um
3.780 Euro versteigert.
http://derstandard.at/2000061176709/
Offiziell-nie-verkauftes-Mega-Drive-Spiel-
fuer-3.780-Euro

Ein Multics-Simulator als Download verfügbar:
http://multicians.org/simulator.html

13.07.2017
Das Album zum zwanzigjährigen Bestehen
der Band Radiohead wurde auch auf einer
C90-Kassette veröffentlicht. Diese enthält als
Easter Egg ein kleines Programm für den ZX
Spectrum.
http://derstandard.at/2000061275788/
Radiohead-Jubilaeums-Album-enthaelt-
Easter-Egg-fuer-den-ZX-Spectrum

The Ultimate-64! – ein FPGA-C64-Board wird
angekündigt:
http://1541ultimate.net/
content/index.php?option=com_
content&view=article&id=74&catid=9
http://www.vintageisthenewold.com/new-
fpga-c64-mainboards-to-be-produced-by-
1541-ultimate/

18.07.2017
Erste Infos zu Ataris neuer Spielkonsole Ataribox:

http://derstandard.at/2000061401575/
Ataribox-Erste-Infos-zu-Ataris-neuer-
Spielkonsole https://www.heise.de/
newsticker/meldung/Ataribox-Erste-Fotos-
der-Retro-Konsole-3772752.html

Speicherbaustein 3101, die Grundlage für In-
tels späteren Erfolg:
https://www.heise.de/newsticker/meldung/
Zahlen-bitte-3101-RAM-Grundbaustein-fuer-
Intels-Erfolg-3756800.html

19.07.2017
Was es kostet, einen unabhängigen Ga-
me-Shop zu betreiben:
https://www.polygon.
com/2017/7/17/15974096/what-it-costs-to-
run-an-independent-video-game-store

IBM Model F, „die beste Tastatur aller Zeiten",
ist zurück.
http://www.popularmechanics.com/
technology/gadgets/a27123/model-f-project-
buckling-spring-keyboard/

23.07.2017
Die Shot des 6510:
https://www.forum64.de/index.
php?thread/71802-die-shot-des-mos8500r4-
mos6510/&postID=1166578#post1166578

Neue Hardware SuperPad64 zum Anschluss
von bis zu acht SNES-Pads an den C64, dazu

das neue Spiel RACE+
http://www.lemon64.com/forum/viewtopic.
php?t=64594

C64-Spiel Island Adventure (2017), portiert
vom TRS-80:
http://www.lemon64.com/forum/viewtopic.
php?t=64950

Back to the Future Java (b2fJ), eine auf
8-Bit-Heimcomputer spezialisierte Virtuelle
Maschine:
https://mzattera.github.io/b2fJ/

30.07.2017
Neues C64-Spiel Planet Golf veröffentlicht:
https://psytronik.itch.io/planet-golf-c64

Neues C64-Spiel Rescuing Orc von Juan J.
Martinez:

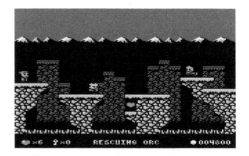

http://www.indieretronews.com/2017/07/
rescuing-orc-glorious-c64-and-128-game.html
https://www.usebox.net/jjm/rescuing-orc/

Neue C64-Spiele Zatacka und Shooting Gallery:
http://csdb.dk/release/?id=157488
https://www.forum64.de/index.
php?thread/75890-shooting-gallery/&postID
=1169471#post1169471

AUGUST 2017

01.08.2017
A2osX, ein Multitasking-OS für Apple-II-Computer:
https://github.com/burniouf/A2osX

Einen 8-Bit-Computer von Null aufbauen:
https://eater.net/8bit/

02.08.2017
C64-Umbau mit dem Raspberry Pi: Die Wiedergeburt der Heimcomputer-Legende.
https://www.golem.de/news/c64-umbau-mit-dem-raspberry-pi-die-wiedergeburt-der-heimcomputer-legende-1708-129185.html

Das Alter verschiedener Betriebssysteme:
http://www.osnews.com/story/29948/How_old_are_operating_systems_

Ein Paar Nike-Schuhe aus ‚Back to the Future‘ wurde in einer Auktion versteigert.
https://www.cnet.com/news/marty-mcfly-back-to-the-future-nike-mag-shoes-prop-auction/

06.08.2017
C64 Reloaded MK2 kann vorbestellt werden. Alle Exemplare, die bis 31.12.2017 bezahlt sind, werden garantiert geliefert.
https://icomp.de/shop-icomp/de/shop/product/c64-reloaded-mk2.html

Das Tapecart mit 2 MB Flash-Speicher für den Kassettenport des C64/C128 kann nun auch bei poly.play für 20 Euro bestellt werden.
https://www.polyplay.xyz/navi.php?qs=tapecart

Die Verkaufszahlen von C64-Spielen erreichen den höchsten Stand seit 20 Jahren.
http://www.lemon64.com/forum/viewtopic.php?t=65111

Jadeworld – einige mit dem Adventure Construction Set erstellte C64-Spiele aus dem Jahr 1995 wurden veröffentlicht.
http://www.lemon64.com/forum/viewtopic.php?t=65128

09.08.2017
Über 25.000 alte Schallplatten wurden bei Archive.org digitalisiert.
http://stadt-bremerhaven.de/kunst-und-kultur-ueber-25-000-alte-schallplatten-bei-archive-org-digitalisiert/

Nach 20 Jahren in Entwicklung: Rollenspiel „Grimoire" endlich erschienen
http://derstandard.at/2000062411703/Nach-20-Jahren-in-Entwicklung-Rollenspiel-Grimoire-endlich-erschienen

Expedition, ein RPG für das Nintendo Entertainment System:

https://megacatstudios.com/products/expedition-for-the-nintendo-entertainment-system

In diesem Video kann man sehen, wie der C64-Ocean-Loader gecrackt wird:
https://www.youtube.com/watch?v=n2BewCd2FuE

10.08.2017
Die 1977 in den Weltraum geschossene goldene Schallplatte mit Musik aus Aserbaidschan und von Chuck Berry, einer Ansprache des UNO-Generalsekretärs Waldheim in bizarrem Englisch und vielen anderen Höhepunkten der menschlichen Kulturgeschichte erscheint nun

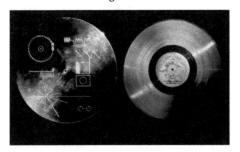

auch für irdische Konsumenten als Box Set.
https://thevinylfactory.com/news/voyager-golden-record-box-set-release/

Über das Kulturgut Telefonzelle:
http://derstandard.at/2000062423503/Wann-haben-Sie-das-letzte-Mal-eine-Telefonzelle-benutzt

Wie unlängst bekannt wurde, können wir uns bei modernen Controllern nur deshalb des D-Pads erfreuen, weil ein Entwurf von Nintendo, der intern als „busenförmiger Controller" bezeichnet wurde, verworfen wurde.
http://derstandard.at/2000062427351/Nintendos-busenfoermiger-Controller-setzte-sich-nicht-durch

13.08.2017
Neuer „SID to MIDI"-Konverter:
https://github.com/M3wP/XSID

19.08.2017
Drei im inzwischen aufgelösten Scriptorium-Verlag erschienene Amiga-Bücher sind jetzt mit Einwilligung der jeweiligen Autoren und des ehemaligen Verlagsleiters unter dem Titellink zum kostenlosen Herunterladen veröffentlicht worden. Konkret handelt es sich um folgende Titel:
Boris Kretzinger, Commodore - Aufstieg und Fall eines Computerriesen (2005)
Volker Mohr, Der Amiga, die Geschichte einer Computerlegende (2007)
Rainer Benda, Der Untergang von Commodore (2007)
http://www.amiga-news.de/de/news/AN-2017-08-00019-DE.html

22.08.2017
Speedrun: Super Mario Bros. in 296 Sekunden absolviert.
https://www.heise.de/newsticker/meldung/

Zahlen-bitte-Speedrun-In-296-Sekunden-zum-Sieg-3808987.html

Wie ein nun aufgetauchtes Video beweist, litt Apple schon in den 1980er-Jahren unter Leaks. Damals waren Details zum ersten Mac-Notebook, dem Macintosh Portable, durchgesickert.
https://www.heise.de/mac-and-i/meldung/Altes-Video-Apple-hatte-schon-in-den-Achtzigern-Leak-Probleme-3809256.html

Nintendo kündigt SNES Classic Mini mit Rückspulfunktion sowie ein 3DS im SNES-Design an.
https://www.golem.de/news/snes-classic-mini-mario-link-und-samus-machen-den-moonwalk-1708-129620.html
http://derstandard.at/2000062972405/SNES-Mini-kommt-mit-Rueckspulfunktion-und-3DS-im-SNES-Design

Mit einem Amiga 1000 online gehen:
https://amigalove.com/viewtopic.php?f=5&t=300

24.08.2017
28 Jahre später: Der Atari-ST-Klassiker Oxyd lebt im Browser weiter.
https://www.heise.de/newsticker/meldung/28-Jahre-spaeter-Atari-

ST-Klassiker-Oxyd-lebt-im-Browser-weiter-3811178.html

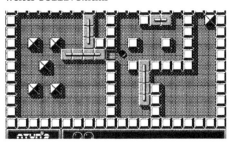

Die Design-Richtlinien für den Apple IIe als downloadbares PDF:
http://www.osnews.com/story/29975/The_Apple_IIe_design_guidelines

25.08.2017
50 Jahre PAL-Farbfernsehen – eine Grabrede zum Geburtstag:
https://www.heise.de/newsticker/meldung/50-Jahre-PAL-Farbfernsehen-eine-Grabrede-zum-Geburtstag-3809178.html

27.08.2017
Die 100. Ausgabe von Digital Talk ist erschienen.
http://nemesiz4ever.de/digitaltalk/Digital_Talk_100

The Dungeon 2017, eine Überarbeitung eines 32 Jahre alten C64-Textadventures, ist kostenlos verfügbar:
http://www.lemon64.com/forum/viewtopic.php?t=65361

28.08.2017
6502cloud – bringt die 80er in die Cloud:
http://www.6502cloud.com/

30.08.2017
Video: Commodore-64-Spiele, die besser als die Amiga-Versionen waren:
https://www.youtube.com/watch?v=2K_2GjjVOn4

Video: Chris Huelsbeck mit The Desert Rocks aus dem Turrican-II-Soundtrack live bei Gamescom 2017.
https://www.youtube.com/watch?v=rfTZOLMZs3w

September 2017
07.09.2017
Zum 90. Jahrestag der ersten Übertragung eines elektronischen Fernsehsignals:
https://entertainment.slashdot.org/story/17/09/07/1559236/tv-turns-90

Demoversion von Resident Evil für Sega MegaDrive / Genesis veröffentlicht:

http://www.indieretronews.com/2017/09/resident-evil-demod-on-sega-megadrive.html#sthash.0sSE0WrH.gbpl

T.A.P.E. Muzik, einer der letzten Hersteller individueller Kassetten:
https://tapemuzik.de/

Jeff Minter arbeitet an Tempest 4000 für PC, PS4 und Xbox One.
http://www.godisageek.com/2017/09/jeff-minter-to-melt-eyeballs-with-tempest-4000/

08.09.2017
Vortex Crystals – Full Edition 2017 wurde für den Commodore 64 veröffentlicht.
http://www.lemon64.com/forum/viewtopic.php?t=65471

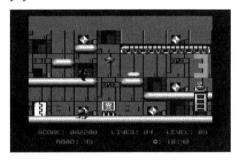

12.09.2017
Der so genannte „BTX-Hack", ein virtueller Bankraub in 36 BASIC-Zeilen, machte den CCC vor 36 Jahren berühmt.
https://www.heise.de/newsticker/meldung/Zahlen-bitte-CCC-Virtueller-Bankraub-fuer-134-634-88-DM-3824653.html

Jerry Pournelle, der erste Autor, der ein Buch auf einem Computer schrieb, ist verstorben.
http://derstandard.at/2000063895738/Erster-Autor-der-Buch-auf-Computer-schrieb-verstorben

25 Jahre „Mario Kart": Welcher ist der beste Teil der Reihe?
http://derstandard.at/2000063703463/25-Jahre-Mario-Kart-Welcher-ist-der-beste-Teil-der

Diese Disney-Videokassetten sind auf Ebay ein Vermögen wert:
https://de.finance.yahoo.com/nachrichten/diese-disney-videokassetten-sind-auf-ebay-ein-vermogen-wert-120829095.html

13.09.2017
Cascade Quest, ein Adventure im Sierra-Stil, wurde für PC und Mac angekündigt:
http://cascadequestgame.com/

14.09.2017
Das „Impossible Project" bringt die Polaroid-Kamera zurück.
http://derstandard.at/2000064069698/Von-Wiener-mitgegruendete-Firma-bringt-Polaroid-Kamera-zurueck

15.09.2017
BitBang: Vor 30 Jahren kam der „NASA-Hack" ans Licht.
https://www.heise.de/newsticker/meldung/BitBang-Vor-30-Jahren-kam-der-NASA-Hack-ans-Licht-3832471.html

Über den großen Einfluss von Metroid (1986):
https://www.theverge.com/2017/9/14/16303016/metroid-nintendo-influence-legacy

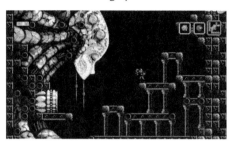

16.09.2017
Argus, ein riesiger Dungeon-Crawler für den C64 wurde in verschiedenen Editionen veröffentlicht.
http://www.indieretronews.com/2017/09/argus-huge-c64-dungeon-crawler-is-here.html
https://psytronik.itch.io/argus
http://www.psytronik.net/newsite/index.php/c64/89-argus

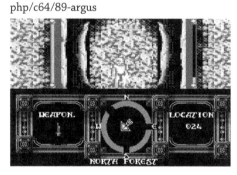

17.09.2017
VR64, eine Virtual-Reality-Brille für den C64:
http://64jim64.blogspot.de/2017/09/vr64-virtual-reality-goggles-for.html
http://www.lemon64.com/forum/viewtopic.php?t=65496
https://www.forum64.de/index.php?thread/76779-vr64-virtual-reality-am-c64/&pageNo=1

Mit dem Uni-Gen-Konverter können Mega-Drive-Controller am C64 betrieben werden.
http://www.lemon64.com/forum/viewtopic.php?t=65516

19.09.2017

Nintendo versteckt „NES Golf" in Switch-Firmware:
http://derstandard.at/2000064221391/Nintendo-versteckt-NES-Golf-Spiel-in-Switch-Firmware

Der Soundtrack zu Super Mario Bros. live auf Violine dargeboten:
https://www.cnet.com/news/super-mario-bros-game-soundtrack-violin-nintendo/

20.09.2017

Quad Core 100%, eine Demo, die vier C64 voraussetzt:
http://csdb.dk/release/?id=158909
https://www.youtube.com/watch?v=XlUcjzjVNlg

Giana Sisters 30th Anniversary Preview:
http://www.indieretronews.com/2017/09/giana-sisters-30th-anniversary-preview.html

21.09.2017

Historisches Bildmaterial aus Spielhallen:
https://www.cnet.com/pictures/throwback-photos-from-old-arcades/12/

24.09.2017

Pirate Island (2017), ein Textadventure für den C64, das bereits für Atari 400/800 und VC20 veröffentlicht wurde:
http://www.lemon64.com/forum/viewtopic.php?t=65603

Lunar Lander (C64), ein Spiel im Hires-Modus:
http://www.defiancestudios.com/2017/09/20/lunar-lander-completed/

26.09.2017

Die Sammleredition von „Street Fighter 2" ist trotz Brandgefahr bereits ausverkauft.
http://derstandard.at/2000063421029/Sammleredition-von-Street-Fighter-2-trotz-Brandgefahr-bereits-ausverkauft

Die offene Retro-Spielkonsole Ataribox soll 2018 erscheinen und rund 250 US-Dollar kosten.
https://www.heise.de/newsticker/meldung/Retro-Spielkonsole-Ataribox-erscheint-2018-kostet-250-US-Dollar-3843157.html
https://www.golem.de/news/offene-konsole-ataribox-entspricht-mittelklasse-pc-mit-linux-1709-130272.html https://www.ataribox.com/

27.09.2017

SNES Classic Mini im Vergleichstest: Putzige Retro-Konsole mit suboptimaler Emulation
https://www.golem.de/news/snes-classic-mini-im-vergleichstest-putzige-retro-konsole-mit-suboptimaler-emulation-1709-130288.html
http://derstandard.at/2000064894137/SNES-Classic-Mini-im-Test-Gut-aufgewaermt-Nintendo
http://derstandard.at/2000064905007/Wir-spielen-SNES-Mini-So-gut-schlecht-sind-Games-1990

29.09.2017

THEC64 Mini: 2018 soll eine C64-Mini-Konsole mit 64 Spielen erscheinen.
https://www.heise.de/newsticker/meldung/
Retro-Games-C64-erscheint-als-Mini-
Konsole-mit-64-Spielen-3847445.html
https://www.golem.de/news/thec64-mini-
c64-emulator-kommt-fuer-80-euro-in-den-
handel-1709-130363.html
http://derstandard.at/2000065023848/C64-
kehrt-als-Mini-Version-zurueck

Oktober 2017

01.10.2017

Buch: „Nur noch dieses Level! Von Computerfreaks, Games und sexy Elfen"
https://www.rheinwerk-verlag.de/nur-noch-
dieses-level_4274/

Crowdfunding-Projekt Seedi, eine Konsole, auf der Original-CDs von Neo Geo CD, TurboGrafx CD, Sega CD, MS-DOS und der Sony PlayStation laufen sollen:
https://www.indiegogo.com/projects/seedi-
retro-gaming-system#/
Bacillus, ein neues C64-Jump'n'Run:
http://www.lemon64.com/forum/viewtopic.
php?t=65585

05.10.2017

Welches war das erste PC-Spiel mit 256 Farben?
https://trixter.oldskool.org/2017/10/01/the-

first-256-color-game-on-the-ibm-pc/

Vor 25 Jahren: IBM kündigt seine Thinkpads an
https://www.heise.de/newsticker/meldung/
Vor-25-Jahren-IBM-kuendigt-seine-
Thinkpads-an-3850143.html

Project Hubbard – erfolgreich finanziert:
https://www.kickstarter.com/projects/
c64audio/project-hubbard-official-rob-
hubbard-kickstarter

10.10.2017

Programmcode in Serien und Filmen: „K.I.T.T." fährt mit Apple Basic.
http://derstandard.at/2000065321005/
Programmcode-in-Serien-und-Filmen-KITT-
faehrt-mit-Apple-Basic

SNES Mini: Ein Hack ermöglicht die Nutzung heruntergeladener Games.
http://derstandard.at/2000065584977/
SNES-Mini-Hack-ermoeglicht-Nutzung-
heruntergeladener-Games

13.10.2017

Nach NES Mini und SNES Mini gibt es auch Hinweise auf einen Game Boy Mini.
http://derstandard.at/2000065946166/Erste-
Hinweise-auf-Game-Boy-Mini-Nintendo-
Classic

Das Tool TwinKick startet wahlweise OS1.3 und 3.1 auf dem Amiga 1000, und das auf einer einzigen Diskette.
https://amigalove.com/viewtopic.php?f=7&t=341

Die Purpur-Tentakel-Plüschfigur ist wieder erhältlich.
http://www.retromagazine.eu/retro/2017-10/purpur-tentakel-plueschfigur-wieder-da/

15.10.2017
Drei neue C64-Spiele: Basic Battleships, Towers of Hanoi (2017) und Kobo64 (r221).
http://www.lemon64.com/forum/viewtopic.php?t=65729
http://csdb.dk/release/?id=159150
http://csdb.dk/release/?id=153454

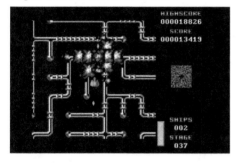

17.10.2017
1971, das Geburtsjahr kommerzieller Arcade-Automaten:
https://www.heise.de/newsticker/meldung/Zahlen-bitte-1971-Geburtsjahr-kommerzieller-Arcade-Automaten-3856875.html

Die kuriose, beeindruckende Welt der Videospiel-Rekorde:
http://derstandard.at/2000066090082/Die-kuriose-beeindruckende-Welt-der-Videospiel-Rekorde

Apples Mac Cube: Was Tim Cook aus Steve Jobs' Megaflop gelernt hat.
http://derstandard.at/2000066091434/Apples-Mac-Cube-Was-Tim-Cook-aus-Steve-Jobs-Megaflop

18.10.2017
„Schwarzer Montag" 1987: Computer schrieben Crash-Geschichte.
http://derstandard.at/2000066265561/Schwarzer-Montag-1987-Computer-schrieben-Crash-Geschichte

20.10.2017
Die Rückkehr des Tamagotchi droht.
http://derstandard.at/2000066383257/Retrokult-Nach-NES-und-C64-kehrt-das-Tamagotchi-zurueck

21.10.2017
Spectrum Addict: LOAD „FILM 2" – Die Produktion eines neuen Dokumentarfilms über den Sinclair ZX Spectrum wurde erfolgreich per Crowdfunding finanziert.
https://www.kickstarter.com/projects/andyremic/spectrum-addict-load-film-2?ref=new_friend_backing

22.10.2017
Interview mit Shaun Southern, Programmierer von Klassikern wie Kickstart und Trailblazer:
https://youtu.be/LH3gE5fHyXQ

FM-YAM, eine C64-Sonderweiterung:
http://c64.xentax.com/index.php/fm-yam

24.10.2017
Abstimmung: Welches „Super Mario"-Spiel ist
das beste?
http://derstandard.at/2000065946995/
Welches-Super-Mario-Spiel-ist-das-beste

Die Letzten ihrer Art: VHS-Kassetten werden
um 18 Euro verkauft.
http://derstandard.at/2000065867133/Die-
Letzten-VHS-Kassetten-werden-nun-um18-
Euro-verkauft

Der Quellcode des MS-DOS-Klons PC-
MOS/386 wurde veröffentlicht.
http://www.zdnet.com/article/ms-dos-
variant-pc-mos386-reborn-as-open-
source/#ftag=RSSbaffb68
https://github.com/roelandjansen/
pcmos386v501
http://www.osnews.com/story/30052/PC-
MOS_released_under_GPL

Interessantes über den Xerox Alto:
http://www.righto.com/2017/10/the-xerox-
alto-smalltalk-and-rewriting.html

25.10.2017
Eine inoffizielle SNES-Konsole mit neuem
„Turrican"-Spiel wurde angekündigt.
http://derstandard.at/2000066669112/

Inoffizielle-SNES-Konsole-mit-neuem-
Turrican-angekuendigt

27.10.2017
Ein Maislabyrinth in Idaho für Fans von Pac-
Man:
http://www.spiegel.de/panorama/
gesellschaft/idaho-maislabyrinth-im-pac-
man-stil-a-1175003.html

29.10.2017
Spritemate 1.03, ein Sprite-Editor für den C64:
http://www.spritemate.com/
https://www.forum64.de/index.
php?thread/77732-spritemate-spriteeditor/&
postID=1195061#post1195061

Matt Gray, Komponist der Musik von Last
Ninja 2, hat eine Patreon-Seite eingerichtet.
Dort kann man ihn mit einem monatlichen
Beitrag unterstützen. Sobald er auf 800 Dol-
lar kommt, wird er ein komplett neues Album
komponieren.
https://www.patreon.com/MattGrayC64

Hier kann man Matt Grays „Reformation
2"-Album vorbestellen:
https://c64audio.com/pages/reformation-2-
pre-order-kickstarter-additional-page

November 2017
01.11.2017
Ein C65 erzielt bei eBay 81.450 Euro.
https://www.ebay.de/itm/Ultra-rare-
Commodore-65-RAM-Expansion-C65-DX64-
C90-prototype-working/322853882595

05.11.2017
Cookie, ein neues C64-Spiel:
http://csdb.dk/release/?id=160135

07.11.2017
Video über die Restaurierung eines 20 Jahre

alten Multimedia-PCs von Packard Bell:
https://www.youtube.com/
watch?v=CC7ql5ui7LQ

Allister Brimble hat die neue CD „David Whittaker Amiga Works" veröffentlicht.
https://allisterbrimble.bandcamp.com/album/
david-whittaker-amiga-works
https://fusionretrobooks.com/collections/
music/products/david-whittaker-amiga-
works-signed
https://fusionretrobooks.com/collections/
music/products/david-whittaker-amiga-works

08.11.2017
„C64 Quiz 1.4", eine kostenpflichtige App im
iTunes-Store:
https://itunes.apple.com/be/app/c64-quiz/
id668125538

„A Classic Retro Video Arcade Game Emulator
Trivia 1.0.1", ein kostenloses Retro-Quiz im
iTunes-Store:
https://itunes.apple.com/be/app/a-classic-
retro-video-arcade-game-emulator-trivia/
id938208887

10.11.2017
Das vor einigen Jahren wiedergeborene „Yps"
legt nach Chefredakteurs-Abschied eine Pause
ein.
https://www.dwdl.de/nachrichten/64239/
yps_legt_nach_chefredakteursabschied_eine_
pause_ein/

12.11.2017
Ein weiterer C65 wird im Internet versteigert,
erzielt aber „nur" 24.005 Euro.
https://www.ebay.de/itm/Ultra-rare-
Commodore-65-C65-DX64-C90-
Prototyp/232557339756

14.11.2017
Kaufberatung Retro-Konsolen: Nintendo,
Sega, Atari & Co.:
https://www.techstage.de/ratgeber/
Kaufberatung-Retro-Konsolen-Nintendo-
Sega-Atari-Co-3889193.html

Die Nutzerforen von CompuServe werden endgültig geschlossen.
https://www.fastcompany.com/40495831/
compuserves-forums-which-still-exist-are-
finally-shutting-down

Teil 11 der Amiga-Geschichte, „Between an Escom and a Gateway":
https://arstechnica.com/gaming/2017/11/a-
history-of-the-amiga-part-11-between-an-
escom-and-a-gateway/

16.11.2017
Ein Update für Windows 7, 8 und 10 legt Nadeldrucker lahm:
https://www.heise.de/newsticker/meldung/
Windows-Update-legt-Nadeldrucker-
lahm-3891900.html
http://derstandard.at/2000067965590/
Windows-Update-setzt-Nadeldrucker-KO

GameShell, ein weiteres Retrokonsolen-Projekt, erreicht spielend das Finanzierungsziel.
https://www.kickstarter.com/
projects/954662076/gameshell-redefine-
retro-game-console/description

Über die Bedeutung von Videospiel-Soundtracks: Nicht nur der Ton macht die Musik.

https://www.heise.de/newsticker/meldung/
Videospiel-Soundtracks-Nicht-nur-der-Ton-
macht-die-Musik-3891339.html

Funktionsfähiger Apple I: Museumsinsel statt
Versteigerung
https://www.heise.de/mac-and-i/meldung/
Funktionsfaehiger-Apple-I-Museumsinsel-
statt-Versteigerung-3891284.html

Zum 40. Geburtstag des Xerox Alto:
https://www.spectrum.ieee.org/view-from-
the-valley/tech-history/silicon-revolution/
the-xerox-alto-struts-its-stuff-on-its-40th-
birthday

17.11.2017
Crash-Quiz: Welche Absturzmeldung gehört
zu welchem Computer?
https://www.heise.de/newsticker/meldung/
TGIQF-das-Quiz-Crash-mich-noch-
mal-3892068.html

Der neue, in Java geschriebene Emulator Z64K
emuliert Commodore 64, Commodore 128,
VC20 und Atari 2600. Die C128-Emulation soll
jene von VICE übertreffen.
http://www.z64k.com/

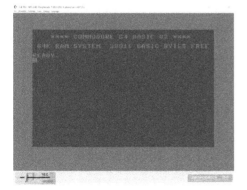

Lotek-Jahrgang 2017 als Buch im Handel

Mit dieser Lotek wagen wir ein kleines Experi-
ment: Die Ausgaben #55 und #56 gibt es ab sofort als Sammelband im Buchhandel. Das kleine
Büchlein besitzt die ISBN 9783746060446 und
sollte sich in jeder (Online-)Buchhandlung bestellen lassen.

Möglich macht diese Form der Veröffentlichung
der Print-on-Demand-Dienstleister BOD: Wir
müssen lediglich den Jahresband hochladen,
um alles andere kümmert sich anschließend
BOD. Dort druckt man die Bücher allerdings immer erst dann, wenn eine Bestellung eingeht.
Aus diesem Grund ist der Sammelband etwas
teurer, als ähnlich umfangreiche Taschenbücher
– auch wenn wir den Sammelband fast zum
Selbstkostenpreis abgeben. Das Ergebnis macht
aber durchaus mehr Eindruck als eine selbstge-
druckte Lotek.

BOD verlangt für die Bereithaltung der Lotek
eine kleine Jahresgebühr. Aus diesem Grund ist
der Sammelband für das Jahr 2017 zunächst nur
ein Jahr lang erhältlich (bis Anfang Dezember
2018). Anhand der Nachfrage werden wir dann
entscheiden, ob wir den Sammelband erneut
für ein Jahr im Buchhandel anbieten.

Die Kosten verhindern leider auch, dass wir jede
Lotek einzeln über BOD anbieten können. Ein
jährlicher Sammelband erscheint uns aber ein
guter Kompromiss. Wer mag, kann sich natürlich auch weiterhin die Lotek selbst ausdrucken.
Viele Copyshops bieten zudem ebenfalls eine
ansehnliche Druckqualität.

Abgesehen von einem Probedruck haben wir
noch keine Praxiserfahrungen mit BOD sammeln können. Sollte etwas wider Erwarten
schieflaufen oder sich ändern, werden wir darüber zeitnah auf der Lotek-Homepage berichten.
Zudem könnt ihr uns bei Problemen eine E-Mail
schicken, wir versuchen dann eine schnellst-
mögliche Lösung zu finden.

(Tim Schürmann)

Frogger

Autor: Steffen Große Coosmann

Das Spielprinzip dieses klassischen Arcade-Titels ist einfach zu erlernen, aber schwierig zu meistern. Eine Gruppe kleiner Pixelfrösche möchte die Straße und den Fluss überqueren, um in die heimischen Nester zurückzukehren. Dabei kann man immer einen Hüpfer in jede beliebige Richtung machen und muss so Autos ausweichen und über Baumstämme und Seerosenblätter seinen Weg in einen der fünf Slots finden. Durch die gute Zugänglichkeit wurde das Spiel schnell ein Hit und so auf sämtliche existierenden Plattformen portiert. In den 1990ern fing man an, das Spielprinzip auf dreidimensionale Spielwelten umzumünzen, was bis heute nicht wirklich gelungen ist. So gab es allerlei Versuche, ein Action-Adventure mit dem grünen Hüpfer zu realisieren, was allenfalls in wackeligen Spielerlebnissen resultierte.

Durch seine Beliebtheit hat der Frosch auch in der Popkultur schnell an Bedeutung gewonnen. So gibt es auf dem allen Retrofans sicher bekannten Album "Pacman Fever" von Buckner & Garcia auch einen Song namens "Frogger Lament", der Sounds aus dem Spiel verwendet. 1983 hatte Frogger neben Q*Bert, Pitfall Harry und Donkey Kong (unter anderen) innerhalb der Sendereihe Saturday Supercade eine eigene Trickserie. Die Sitcom Seinfeld parodierte das Gameplay des Spiels in einer der vermutlich besten Episoden der Serie, an deren Ende der Automat allerdings zerstört wurde. Daneben hat Frogger auch einen Gastauftritt in den Hollywood-Filmen "Wreck-It Ralph" und "Pixels".

Das klassische Gameplay funktioniert für Frogger auch heute noch hervorragend und kann auf jeder nur erdenklichen Plattform gespielt werden.

Hersteller: Konami/SEGA
Erster Auftritt: 1981
Heimatkonsole: Arcade
Vertreten auf: so ziemlich allem und eurem Toaster

Internet: http://www.lotek64.com
Twitter: http://twitter.com/Lotek64
Facebook: http://www.facebook.com/pages/Lotek64/164684576877985

www.ingramcontent.com/pod-product-compliance
Lightning Source LLC
LaVergne TN
LVHW022349060326
832902LV00022B/4332